AF558173

UWE BIRNSTEIN

WALK ON, JOHNNY CASH!

Uwe Birnstein

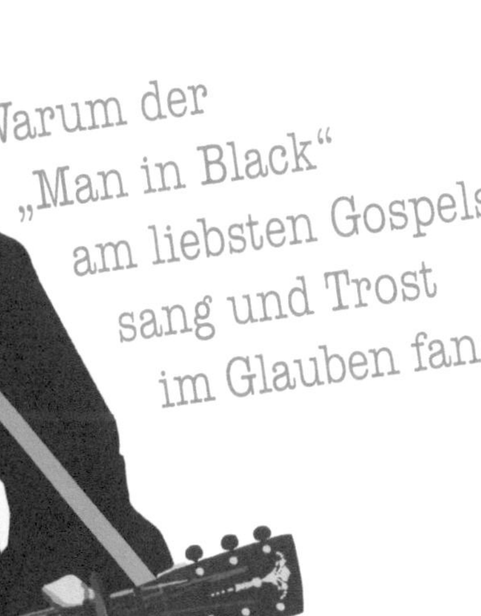

Warum der „Man in Black“ am liebsten Gospels sang und Trost im Glauben fand

WALK ON, JOHNNY CASH!

VERLAG NEUE STADT MÜNCHEN · ZÜRICH · WIEN

Klimaneutral gedruckt. Weil jeder Beitrag zählt.

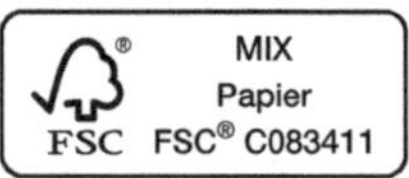

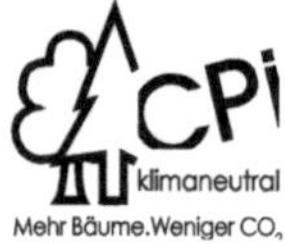

1. Auflage 2023

Umschlaggestaltung: Stefan Weigand (wunderlichundweigand.de) und Neue-Stadt-Grafik
Satz: Neue-Stadt-Grafik
Druck und Bindung: CPI books GmbH, Leck
ISBN 978-3-7346-1319-7

www.neuestadt.com

Inhalt

Anhang

Vorwort

Country-Ikone. Junkie. Prediger. Frauenheld. Gospelsänger. Outlaw. Vater. Missionar. Patriot. Krimineller. Gerechtigkeitskämpfer. Held. Das alles schwang mit, wenn der „Man in Black" sich auf der Bühne mit seiner sonoren Vibrato-Stimme selbst vorstellte: „Hello. I'm Johnny Cash."

Mich zog Cash schon in Jugendjahren in den Bann. Mit der Gitarre erkundete ich Mitte der 70er-Jahre die Gefühlswelt der Erwachsenen. Bei nordamerikanischen Musikern und Musikerinnen fand ich die besten Antworten auf meine Fragen. Bob Dylan hatte Worte für meine Sehnsucht nach Frieden: „Blowin' in the Wind". Bei Leonard Cohen lernte ich viel über Frauen und die Liebe: „Halleluja", „Suzanne" und „So Long, Marianne". Carole King erklärte mir den Trost echter Freundschaft: „You've got a friend". Und Johnny Cash? Er zeigte mir die Coolness, aber auch die Schwäche vermeintlich starker Männlichkeit. Seine große Gestalt imponierte mir; seine tiefe Stimme trug Abgründiges in sich. Seine Songs waren simpel, doch sie handelten von großen Gefühlen, von Freiheit und von denen, die am Rande der Gesellschaft stehen. Von Arbeitern, die sich in den Bergwerken zu Tode schuften. Von Hobos, die auf Güterzügen durchs Land fuhren. Von Männern, die in brutalen Gefängnissen für ihre Taten büßen mussten. Und von der Schwierigkeiten, so zu werden, wie man gemeint ist.

Ich staunte: Johnny Cash hatte sogar Konzerte in Zuchthäusern gegeben! Der Live-Mitschnitt „At San Quentin" drehte sich unentwegt auf meinem Plattenspieler. Der „Folsom Prison Blues" setzte sich mir besonders ins Ohr. Er erzählt die Geschichte eines Häftlings, der einen Zug an seiner Zelle vorbeirattern hört, was Fantasien von einem Leben in Freiheit anfacht. Einem Leben, in dem er nach der Strafe für seine böse Tat neu anfangen kann. Fein säuberlich übertrug ich den Text in mein rotes Liederbuch und sang ihn immer wieder inbrünstig.

Ein zweites Lied des Knast-Konzerts ging mir ebenfalls zu Herzen: ein Friedenslied – aber kein Protestsong gegen Waffen und Kriege, sondern ein frommer Gospel-Country-Song. Einfach und wunderschön beschreibt er mit biblischen Bildern den himmlischen Frieden, der nach dem irdischen Leben auf die Menschen wartet: Da werde „Peace in the Valley" sein, auch für mich. Wow. Ein gestandener Kerl sang ehrlich und überzeugend von seinem Glauben. So wurde er zu einem der Wegweiser bei meiner jugendlich-neugierigen Erkundung des christlichen Glaubens.

In der kirchlichen Jugendgruppe, der ich angehörte, sangen wir auch Gospels – und ein frommes Lied, dessen Thema sich ebenfalls um das Gefangensein drehte. In einer Strophe hieß es: „Unser versklavtes Ich ist ein Gefängnis – und ist gebaut aus Mauern unserer Angst." Irgendwie dämmerte es mir: Die Nähe zum Gefängnis, das Mitgefühl für Häftlinge, das Cash zeigte, das hatte auch etwas mit dem Leben überhaupt zu tun. In Cashs Bemühen um die schuldig gewordenen Häftlinge spiegelt sich auch seine Hoffnung, selbst einst von all den Fesseln befreit zu werden, in die wir Menschen uns während unseres Lebens verstricken. Die Kraft, sich von diesen Fesseln nach und nach zu befreien, zog Cash offensichtlich aus seinem Glauben, der Hoffnung macht, dass wir Menschen am Ende nahe bei Gott sein werden, wo es kein Leid und Geschrei gibt und alle Tränen getrocknet sind.

Das musikalische Vorbild Johnny Cash wurde zu einem meiner Glaubens-Väter. Ich verfolgte seine Songs, las seine erste Autobiografie, in der er offen über seine Sucht und seine Sorgen schrieb – und nahm wahr, wie sie sich ihm ins Gesicht schrieben. Auch 1983, als er in „Wetten, dass ...?" auftrat. Verwirrt wirkte er da, wie unter Drogen sang er seine Hits.

Verwundert registrierte ich – inzwischen Theologiestudent – auch, dass Johnny Cash nicht nur einen Film über das Leben Jesu gedreht, sondern auch den Apostel Paulus in einem Buch porträtiert hatte. Das ganze Neue Testament hatte er gelesen und die Aufnahme veröffentlicht. Und er peppte jahrelang die Missions-„Kreuzzüge" des US-Erweckungspredigers Billy Graham mit Musik auf. Dieser Johnny Cash ließ sich einfach nicht festlegen.

Zehn Jahre nach dem „Wetten, dass ...?"-Desaster zeigte sich Cash in seiner ganzen Gebrechlichkeit: Sein Körper war krank; mit alterswunder Stimme sang er Songs anderer Künstler – Songs, die das Leben und den Glauben in all ihren Niederungen schilderten. Zum letzten Foto-Shooting seines Lebens brachte er das Kirchengesangbuch seiner Mutter mit. Im Studio nahm er viele der frommen Lieder auf, die er aus Kindertagen kannte: Cash kehrte zu seinen Wurzeln zurück.

Am 12. September 2003 wurde er von seinen körperlichen Leiden erlöst und kann nun den himmlischen Frieden, von dem er zeitlebens sang, erleben.

Die spirituelle Spur seines Lebens nachzuzeichnen, ist für mich Anliegen und Freude zugleich. Zwei Autobiografien, Interviews, Konzertmitschnitte und andere Filmdokumente, dazu die Songs und Texte, Bücher von Familienmitgliedern und anderen: Sich Johnny Cash anzunähern ist sehr abwechslungsreich, unterhaltsam und zeitintensiv. Dabei wird klar: In der Wahrnehmung der Öffentlichkeit verschwimmen Wirklichkeit und Legende oft. Einige Schilderungen widersprechen einander sogar. Als großer Star seiner Zeit ragt Cash aus der Masse populärer Musikerinnen und Musiker heraus. Vielen diente er schon zu Lebzeiten als Leinwand, auf die sich eigene Vorstellungen und Botschaften projizieren ließen.

Beim Thema Glaube ist die Gefahr der Projektion oder der Instrumentalisierung besonders groß. Gerne wird Cash von Evangelikalen als Missions-Promi vereinnahmt – was ihm in all seiner Zerrissenheit nicht gerecht wird. In meinem Buch versuche ich, dieser Falle zu entgehen und einen differenzierten Blick auf seinen Glaubensweg zu werfen. Dabei half mir eine Entdeckung, die mir Cashs

Sohn John Carter Cash bestätigte: Johnny Cashs spirituelle Reise wurde stark von dem spirituellen Poeten Khalil Gibran geprägt! Den Glaubens Cashs einfach mit dem Etikett „evangelikal" zu versehen, dürfte sich schon von daher als zu kurz gedacht entlarven.

Eine chronologisch durchgehende Biografie mit allen Daten und Ereignissen will dieses Buch – im Unterschied zu anderen – nicht bieten. Vielmehr soll es Licht auf die Entwicklungen im Leben und in der Musik des „Man in Black" werfen, die es ermöglichen, seinen spirituellen Weg nachzuvollziehen.

Diesen Weg nachzuverfolgen, halte ich für erkenntnisreich und beglückend, denn er birgt viele Lebensweisheiten. Die beiden wichtigsten: Lebensgeprüfter Glaube kann tiefen Trost und die nötige Kraft bieten, um zu lernen, auch mit eigenen Unzulänglichkeiten, mit Schmerz und Scheitern umzugehen. Und: Musik und Glaube speisen sich aus derselben Quelle. Deshalb kann Musik Herzen und alle Sinne öffnen und dabei helfen, dem „promised land" schon hier auf Erden ein Stückchen näher zu kommen.

München, im April 2021
Uwe Birnstein

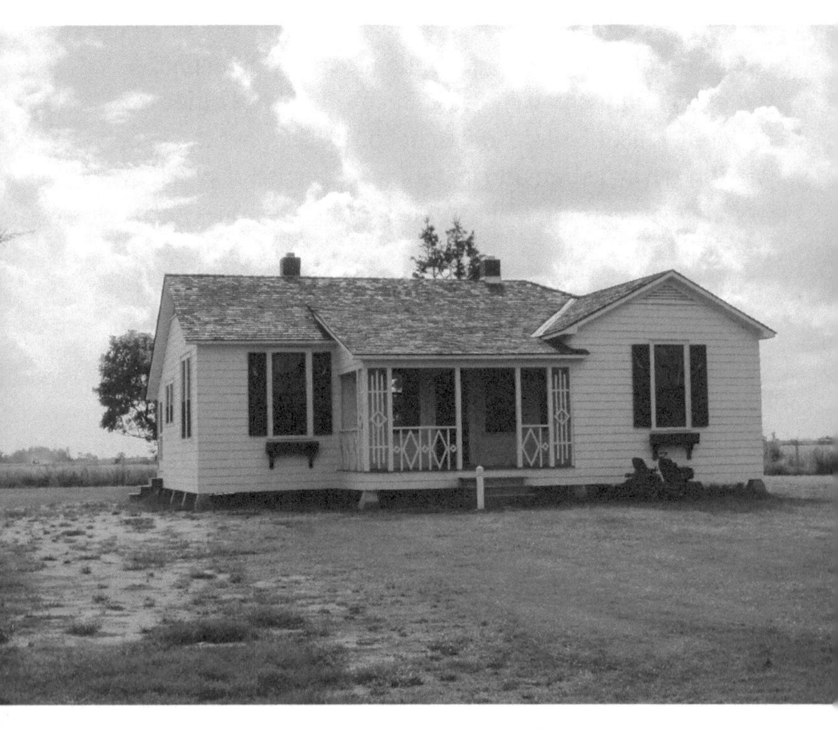

Das neue Zuhause im „Gelobten Land":
In diesem Haus in Dyess wuchs J. R. Cash auf.

1

J. R. im Gelobten Land

Kinderfreuden und ein tragischer Tod

1935. Gut, dass der Weg ins „Gelobte Land" nur 400 Kilometer lang ist. Für Ray und Carrie Cash ist das eine weite, aber zu bewältigende Strecke. Endlich können sie das kleine ärmliche Haus in Kingston, einem abgelegenen Dorf im US-Bundesstaat Arkansas, verlassen. Nun muss sich Ray nicht mehr mit Gelegenheitsjobs durchschlagen, muss nicht mehr auf Güterzügen durchs Land fahren – in der Hoffnung, irgendwo Geld für die Familie verdienen zu können. Jetzt fährt das Paar mit seinen fünf Kindern und allem Hab und Gut mit einem geliehenen LKW gen Norden.

Der dreijährige J. R. sitzt mir seinen großen Brüdern Jack (6) und Roy (14) hinten im Laderaum. Die Mutter hat ihre elfjährige Tochter Louise und die erst ein Jahr alte Reba bei sich vorne. Es ist bitterkalt und es regnet. Der Weg ist beschwerlich, er führt über Schotterstraßen, Schlaglöcher und Schlammpisten. Die Kinder murren nicht, auch nicht, als die Familie nachts am Straßenrand eine Schlafpause einlegt. Die Geschwister hören ihre Mutter singen – oder weint sie? So genau ist das gar nicht zu unterscheiden. Wenn die Mutter singt, singt sie meist fromme Lieder. Darin geht es um Beistand aus dem Himmel, um Jesus, der in der dunkelsten Stunde hilft – und um das Gelobte Land, das am Ende einer beschwerlichen Reise auf jene wartet, die auf Gottes Verheißungen vertrauen. „I am bound for the promised land!", singt J. R. mit: „Ich bin für das Gelobte Land bestimmt!" Es ist das erste Lied seines Lebens, an das er sich später erinnern kann. Und es wird eines der letzten Lieder sein, die er in seinem Leben singen wird, fast 69 Jahre später, zur Ehre seiner Mutter. Dann wird er Johnny heißen und diesen seltsamen Vornamen „J. R." abgelegt haben, den er nur deshalb trägt, weil seine Mutter und sein Vater sich nach seiner Geburt nicht auf einen normalen Namen einigen konnten, John oder Ray.

Die Israeliten, die in biblischen Zeiten aus der ägyptischen Knechtschaft ins Gelobte Land gezogen waren, brauchten 40 Jahre für ihre Wüstenwanderung. Familie Cash erreicht ihr Ziel schon nach zwei Tagen. Auf den letzten Metern des aufgeweichten Weges macht der Lkw schlapp. J.R. klammert sich an den Vater, als der ihn durch den dicken Schlamm trägt. Die Familie steht staunend vor ihrem neuen, weißen Haus. Das ist nun ihr Zuhause, unfassbar. Im Vergleich zu der Hütte, aus der sie kommen, ist es Luxus: ein Wohnzimmer, zwei große Schlafzimmer, Esszimmer und Küche. Vorne und hinten eine Veranda. Und im Garten eine Scheune, eine Toilette und eine Räucherkammer.

Dass die Cashs hier einziehen dürfen, beruht auf Glück. Vater Ray Cash hatte sich in einem fortschrittlichen Genossenschaftsprogramm beworben: Menschen, denen die Arbeitslosigkeit droht, bekommen ohne Kapital zinsfrei ein Haus und Nutzland zur Verfügung gestellt; aus den Erträgen, die sie erwirtschaften, können sie die Schulden abbezahlen. Auf diese Weise kamen auch die Cashs in die neu errichtete Siedlung Dyess. Alles, was die neuen Farmer zur Baumwollverarbeitung und -vermarktung brauchen, befindet sich hier im Gemeinschaftsbesitz. Die Ernte wird zusammen verkauft, das sorgt für bessere Preise. Ideale Bedingungen für ein erfolgreiches Farmerdasein. „Ich wuchs in einer Art Sozialismus auf", schreibt Cash später über seine Kindheit.

Cottonfields und Country-Musik

Bis das Land Erträge abwirft, muss es beackert werden. J. R.s ältester Bruder Roy muss mit dem Vater das Land von Bäumen und Büschen befreien; Meter um Meter legen sie im Schweiße ihres Angesichts mit Äxten und Sägen das fruchtbare Erdreich frei. Im Jahr darauf pflanzen sie die Baumwolle. Außerdem legen sie ein Feld für die eigene Versorgung an: Kartoffeln, Getreide, Obst. J. R. ist fünf Jahre alt; er kann noch nicht hart arbeiten wie die älteren Geschwister. Er ist „Wasserjunge" und bringt den Eltern und Geschwistern Trinkwasser aufs Feld. Die erste Ernte fällt sehr gut aus. Die Einschätzung des Vaters hat sich bewahrheitet: Sie haben außergewöhnlich gutes Land erhalten.

Das neue Leben ist hart und trotzdem beglückend. Ein weiteres Geschwisterkind wird geboren, Reba. Sieben Menschen wohnen nun im neuen Haus. Als J.R. acht Jahre alt ist, muss auch er bei der Ernte helfen. Die Baumwollpflanzen, die im April gesetzt werden, öffnen im Oktober ihre Samenkapseln; dann können die Fasern geerntet werden. Eine mühsame Arbeit. Der Rücken schmerzt und durch die spitzen Samenkörner werden bald die Finger blutig. Vom Frühling bis zum Herbst muss zudem das Unkraut bekämpft werden. Und ab und zu geschieht etwas, das wie eine biblische Plage wirkt: Überschwemmungen lassen das Haus mit Schlamm volllaufen.

Die Erinnerung an diese Flutkatastrophen wird J. R. zwanzig Jahre später in einen Song kleiden: „Five Feet High and Rising". Die Tonart der Strophen steigt wie einst das Wasser der Flut. „How high is the water?", fragt Cash darin seine Mama, seinen Papa. „Es steigt", sagen sie ihm. Die Hühner flüchten in die Bäume, die Kuh steht halb im Wasser, „sieht so aus, als wären wir mit etwas mehr Regen gesegnet", sagt Vater Ray lakonisch, bevor er mit seiner Familie das Haus verlässt: „Wir können nicht zurückkommen, bis das Wasser gesunken ist."

In anderen Jahren kommt es vor, dass eine Heerschar von Raupen die gesamte Ernte auffrisst. Alle Mühen waren vergeblich.

Drei Dinge helfen jedoch, ein solches Unglück zu überstehen: der Familienzusammenhalt, die Musik und der Glaube. Wenn man auf den Herrn vertraue, dann entstehe aus der Not auch Gutes, erklärt die Mutter ihren Kindern immer wieder. Was die Überschwemmungen angeht, bewahrheitet sich diese fromme Weisheit: Der Schlamm bringt viele Nährstoffe auf die Felder. Die nächsten Erntejahre werden guten Ertrag bringen.

Bald schon hatte das Geld für ein Radio des Versandkaufhauses Sears Roebuck gereicht. J. R. und seine Geschwister lieben es. „Hobo Bill's Last Ride" ist der erste Song, den J. R. hört – da ist gerade mal fünf. Der Song erzählt eine melancholische Geschichte über einen Tagelöhner, der einsam in einem kalten Güterwaggon stirbt. Der Sänger, Jimmie Rodgers, hatte vor seiner Musikkarriere als Bremser auf Zügen gearbeitet. Das verlieh der Geschichte Authentizität und Popularität. Der „Singing Brakeman" hatte Millionen Fans, er wurde zum „Vater der Country-Musik" und inspirierte schließlich Hank Williams, Bob Dylan – und eben auch Johnny Cash.

Die Songs, die J. R. im Radio hört, beflügeln seine Fantasie. Er findet darin seine eigenen Hoffnungen und Erlebnisse wieder. Etwa in dem Song „Cotton Fields". Ein Mann namens Lead Belly beschreibt seine Erfahrungen auf den Baumwollfeldern in Arkansas – also in J. R.s Heimat. Schon seine Wiege sei in den „cotton fields" von der Mutter geschaukelt worden; als Erwachsener sei er dann selbst Baumwollfarmer geworden, ein unsicherer Beruf: „When them cotton balls got rotten, you can't pick very much cotton." Wenn die Baumwollbäusche verfaulten, fiel die Ernte schlecht aus und Hunger drohte. Die Songs der Country-Stars lassen J. R. die harte Arbeit vergessen – manchmal habe er sich von ihnen sogar wie in den Himmel versetzt gefühlt, betont er später. Vater Ray ist die Musikliebe seines Sohnes allerdings unheimlich: J. R. solle doch lieber etwas Anständiges tun und arbeiten. Und überhaupt: Die Musiker, für die er da schwärme, seien zwielichtige Gestalten und die gesamte Musikbranche sei ein Sündenpfuhl.

Südstaatenfrömmgkeit

Mutter Carrie hingegen teilt J. R.s Leidenschaft für die Musik. Und sie erkennt die Begabung ihres Sohnes. Leidenschaftlich singt der Kleine auf den Feldern all die Lieder mit, die die Arbeit etwas erleichtern; stundenlang sitzt er versonnen vor dem Radio. Als er zehn ist, kauft die Mutter ihm eine Gitarre. Mutter Carrie ist J. R.s Fluchtburg. Zu ihr kommt er, wenn Vater Ray wieder allzu streng und aufbrausend ist. An ihrer Hand geht J. R. mit seinen Geschwistern in den Gottesdienst. Die Gemeinde heißt „Road Fifteen Church of God" und versammelt sich im Schulhaus. Prediger ist ein junger Mann, er trägt einen alten Tweed-Anzug. Die Gottesdienste sind hochemotionale Ereignisse. Der Prediger steigert sich in Ekstase, er schreit, weint, japst; schließlich bekommt er kaum noch Luft unter der engen Krawatte. J. R. rechnet damit, dass er „jeden Augenblick tot umfallen" könnte – „oder explodieren". Der Prediger läuft in der Gemeinde herum, reißt Einzelne aus den Stühlen und ruft: „Komm zu Gott! Tue Buße!" Vor dem Altar fallen die Menschen auf die Knie, heben ihre Arme und beten laut zu Gott. Manche krümmen sich, zittern und zucken. „Halleluja", ruft der Prediger unter Tränen und betont, der Heilige Geist sei nun anwesend. Als J. R. solche Szenen zum ersten Mal sieht, ist er geschockt und klammert sich mit seinen Händen an den

Stuhl. Er kann sich nicht vorstellen, warum der Prediger weint, obwohl er doch keinen Schmerz spürt.

Mutter Carrie ist nach den Gottesdiensten „glücklich und froh". Nach einer Weile arrangiert sich J. R. mit den seltsamen Geschehnissen und dem merkwürdigen Prediger. Es gibt dort ja auch Schönes. Die viele Musik zum Beispiel: Die Lieder werden von Gitarren, Banjos und Mandolinen begleitet – von jenen Instrumenten, die J. R. auch im Radio hört. Überhaupt: Neben den Schicksalsgeschichten von Hobos und Farmern handeln damals auch viele Radio-Songs vom Glauben. „Turn Your Radio On": „Dreh dein Radio an, stell dir Gottes Sender ein, such Verbindung zu Gott." Oder „Telephone to Heaven": Wie durch ein Himmelstelefon könne man dort oben anrufen, Jesus selbst würde einen mit Gott verbinden, der in der Not helfen könne, hört J. R. da. Solche Lieder sind für ihn tatsächlich Himmelöffner: Sie lassen seinen Glauben wachsen und nehmen ihm die Angst vor den Drohpredigten in der „Church of God". So, wie eines Abends im Herbst. J. R. ist zehn Jahre alt. Auf dem Heimweg von der Kirche hat er die Predigt noch gut im Kopf: Um die Hölle und die Verdammnis ging es. Kurz bevor er zu Hause ankommt, sieht er einen Waldbrand in der Ferne. „Das muss die Hölle sein", denkt er sich und hat „schreckliche Angst". Daneben spürt er aber auch die Gewissheit: Er möchte Gott folgen und einst, im Tod, die Erfahrung machen, von der ein weiteres seiner Lieblingslieder aus dem Radio handelt: „Kommt der Tod, Lob sei Gott – ich flieg zu ihm."

Während J. R. vor dem Radio sitzt, geht Bruder Jack seiner Leidenschaft nach: dem Bibellesen. Seine kleine Bibel ist vom ständigen Aufschlagen schon ganz zerfleddert. Am Abend zu Hause, morgens in der Schule, in Arbeitspausen – Jack verschlingt die biblischen Geschichten und ist fasziniert von der Botschaft Jesu. So sehr, dass er sich bereits im Alter von zwölf Jahren „zu Jesus bekehrt" hat. Im Jahr darauf verblüfft Jack seine Geschwister und Eltern mit dem Plan, Prediger zu werden – dazu sei er bestimmt. Mutter Carrie und Vater Ray sind angetan von seinem Vorhaben. Jack verhält sich in allem vorbildlich, mit seiner offenen Art gewinnt er viele Herzen. Der zwei Jahre jüngere J.R. hingegen ist schmächtig, in sich gekehrt und ein stiller Junge.

Die unterschiedlichen Charakterzüge ändern aber nichts daran, dass J.R. und Jack nicht nur Brüder, sondern auch enge Freunde sind. Sie erzählen sich alles, gehen gemeinsam angeln und teilen viele Geheimnisse. Jack verpetzt J. R. auch nicht, als der im Alter von zehn Jahren schon zu rauchen beginnt und sich regelmäßig etwas aus dem Tabakbeutel des Vaters abzwackt. Der ältere Bruder wird zum Vertrauten und zum Vorbild für J. R. – auch in Glaubensfragen.

Beide Brüder bemühen sich, die Gebote Gottes einzuhalten. An erster Stelle steht für sie das Gebot, Vater und Mutter zu ehren. Nur einmal hat J.R. Grund, seinen Bruder zu kritisieren. Noch im Erwachsenenalter hat er davon erzählt. Die beiden Jungs streunten Stöcke schwingend über die Felder, als sie auf einmal ein besonders langes Exemplar einer Wassermokassinotter entdeckten, einer giftigen Schlangenart, die sich im feuchten Gebiet rund um Dyess wohlfühlt. „Es ist eine besonders große, Jack, schlag fest zu!" „Stirb, du verdammtes Biest!", ruft Jack;

sein Schlag tötet die Schlange. Doch J. R. ist entsetzt: „Du hast geflucht, ich hätte nie gedacht, dass du fluchen würdest!" „Verdammt" sagt man doch nicht! Jack entschuldigt sich, nie wieder werde er fluchen, und er bittet Gott um Verzeihung.

Eine weitere Szene beschäftigt J. R. sein Leben lang. Zusammen mit seinem Bruder ging er eines Tages zum Kaufmann Steele, einem besonders intoleranten Christen, der nur den von seiner Kirche verkündeten Glauben für akzeptabel hielt. „Wenn du nicht meiner Kirche angehörst, wirst du in die Hölle fahren", raunt Mr. Steele Jack plötzlich an. J. R. wartet gespannt, wie sein bibelfester Bruder wohl reagieren wird. Der lächelt nur, blickt den Provokateur hinter der Fleischtheke an und stimmt ein Lied an: „Ist getilgt die Sünde, bist du heil und neu? Bist du rein durch des Heilandes Blut?" Mr. Steele fehlen die Worte; wutentbrannt dreht er sich um und wirft das Fleischermesser in die Ecke. Jack hat den engstirnigen Mann mit den Waffen des Glaubens geschlagen, hat ihm freundlich die Sündhaftigkeit jedes Menschen und die Demut, die daraus folgen könnte, vorgehalten.

Ihre Ehrfurcht vor Gott eint die Brüder. Jack orientiert sich dabei an der Bibel, J. R. an den frommen Liedern, die er im Radio hört. Staunend hört J. R. seinem Bruder zu, wenn der vom Glauben erzählt – nicht allgemein, sondern so, dass jeder spüren kann, dass dieser Jesus auch ganz persönlich für ihn am Kreuz gestorben ist. J. R. ist das nicht fremd, er hört es ja auch – mehr oder weniger freundlich dargeboten – in der Kirche.

Als er zwölf ist, merkt er: Irgendetwas fehlt mir. Als die Baptistenkirche in Dyess zur Evangelisation einlädt, geht J. R. hin – zwei Wochen lang, jeden Abend. Die Predigten und die Musik packen ihn; er möchte eine Entscheidung für den Glauben fällen, so wie sein Bruder und viele andere es getan haben. Er sieht, wie sein Bruder Jack in der ersten Reihe aufsteht, die Bibel in der Hand hält und inbrünstig ein typisches Bekehrungslied mitsingt: „So wie ich bin, so muss es sein, nicht meine Kraft, nur Du allein. Dein Blut wäscht mich von Flecken rein, o Gotteslamm, ich komm, ich komm." J. R. fasst sich ein Herz, steht auf und geht nach vorn. Er reicht dem Prediger seine Hand und bezeugt damit: Ja, ich will Jesus Christus in mein Herz und mein Leben aufnehmen. „Es war nicht die Bekehrung eines Säufers oder eines alten Sünders", schreibt Cash 1977 in seiner Autobiografie: „Es war die Kapitulation eines Jungen, der alt genug war, um zu wissen, was er tat."

J. R. kniet vor dem Altar nieder und fühlt sich wie neu geboren. Das Verhältnis zu Jack wird noch inniger: Er ist nun nicht mehr der kleine Bruder, der zu Jack aufschaut. Jetzt sind sie wahre Geschwister auch im Glauben – auf Augenhöhe. „So können wir nun immer miteinander weitergehen", freut sich J. R. Er spielt sogar mit dem Gedanken, auch mal Prediger zu werden, wie sein Bruder Jack.

„Meet me in Heaven"

1944 fällt die Ernte nicht mehr so üppig aus wie anfangs. Das Geld wird knapp. Um mal ins Kino gehen zu können, verkaufen Jack und J. R. Erdnüsse oder Wassermelonen. Jack ist 15 Jahre alt und will Mitverantwortung für die Familie tragen. In seiner Freizeit übernimmt er Jobs, trägt Zeitungen aus oder hilft im Sägewerk. Drei Dollar gibt es da am Tag, immerhin. Auch am Samstag, dem 13. Mai, entscheidet er sich für diese Arbeit. Diesmal fällt es ihm allerdings nicht so leicht, denn J. R. bittet ihn flehentlich, ihn zum Angeln an den Kanal zu begleiten. Es ist ein wunderschöner, warmer Frühlingstag. J. R. hat schon Krebsköder gesammelt, die Angeln geholt und wartet vor der Tür. Es herrscht eine eigenartige Stimmung. Jack hat nicht die geringste Lust zum Arbeiten. „Warum?", fragt Mutter Carrie ihn und ist überrascht über die Antwort: Er fühle, dass heute irgendetwas passieren werde, meint Jack. Da rät ihm die Mutter, doch lieber zu Hause zu bleiben. „Wir brauchen aber das Geld", antwortet Jack.

Schließlich gehen die beiden Brüder gemeinsam los, der Weg zum Kanal führt in dieselbe Richtung wie der zum Sägewerk. J. R. versucht, Jack doch noch davon zu überzeugen, mit ihm zu kommen. Doch an der Weggabelung biegt Jack ab. J. R. wundert sich über seinen Bruder, er albert rum und ist merkwürdig aufgeregt, so ist er sonst nicht. Jack macht sogar Bugs Bunny nach und sagt dauernd: „Was ist los, Doktor?" J. R. schaut ihm lange nach. Das Angeln bleibt erfolglos, keinen einzigen Fisch holt er aus dem Wasser. Meist bleibt er den ganzen Tag am Kanal; doch heute macht er sich schon nach zwei Stunden wieder auf den Weg nach Hause. An der Weggabelung, an der er sich von Jack getrennt hatte, kommt ihm ein alter Ford entgegen. Der Pastor sitzt am Lenkrad, neben ihm Vater Ray. An seinem Gesicht sieht J. R.: Etwas Schlimmes muss passiert sein. „Jack ist schwer verletzt worden", sagt der Vater.

Zu Hause angekommen, holt Vater Ray einen blutverschmierten Papiersack vom Rücksitz. J. R. solle mit ihm in die Räucherkammer kommen. Dort packt der Vater Jacks Hemd, seine Schuhe und die Hose aus und legt sie auf den Boden. Hose und Hemd sind zerfetzt, der Gürtel in zwei Teile zertrennt. Wie unter Schock hört J. R. seinen Vater reden: Jack sei ins Sägeblatt geraten. „Wir werden ihn verlieren." Zum ersten Mal sieht J. R. seinen Vater weinen.

Der Pastor bringt Vater Ray und J. R. ins Krankenhaus. Als sie ankommen, ist Jack noch im OP. Sechs bis acht Stunden werde es dauern, meint der Arzt; bei den schweren inneren Verletzungen könne er kaum Hoffnung machen.

Früh am Sonntagmorgen geht J. R. mit seiner Mutter ins Krankenhaus. Jack ist aus der Narkose aufgewacht. Morphium nimmt ihm die Schmerzen. J. R. ist traurig, dass Jack ihn nicht einmal anschaut. Die Mutter sieht sich die Wundverbände an. „Die Ärzte waren wohl so sehr mit dem Bauch beschäftigt, dass sie die Hände vergessen haben", vermutet sie und zeigt J. R. Jacks Hände. Dann verbindet sie die beiden zerschnittenen Finger. In den kommenden Tagen ist Jack häufig bei Bewusstsein. Das bedeute nicht, dass er überleben werde, sagen die Ärzte, die Verletzungen seien einfach zu schwer. Mal ist Jack bewusstlos, dann wieder hellwach. J. R. sucht verzweifelt nach einer Erklärung dafür, dass Jack nicht mit ihm spricht. Schließlich ist er überzeugt, Jack werde wohl wissen, dass er sterben müsse; mit seinem Schweigen wolle er ihn wohl schon auf ein Leben ohne den großen Bruder vorbereiten.

Am Samstagabend, eine Woche nach dem Unfall, diagnostizieren die Ärzte eine Blutvergiftung. Die ganze Familie Cash versammelt sich am Bett und betet für den bewusstlosen Jack. Die Nacht wird dramatisch. J. R. schläft kurz, um sechs weckt ihn der Vater, es gehe nun zu Ende, er solle sich von seinem Bruder verabschieden. Jacks Bauch ist aufgedunsen, der Vater und der Arzt knien vor seinem Bett und beten, die Mutter hält seine Hand. J. R. geht zum bewusstlosen Bruder, drückt seine Wange gegen Jacks Wange und sagt: „Auf Wiedersehen, Jack." Noch einmal wacht der Bruder auf. Er scheint Dinge zu sehen und zu hören, die sonst niemand wahrnimmt, und sagt: „Oh Mama, ich wünschte, du könntest die Engel singen hören." Dann stirbt er.

Die ganze Familie sei trotz aller Traurigkeit auch erleichtert gewesen, meint Cash später: „Wir hatten Jack in einer solchen Seligkeit und Himmelssehnsucht sterben sehen, dass wir fast froh für ihn waren."

Jacks Leichnam wird nach Hause gebracht und im Wohnzimmer aufgebahrt. Viele Menschen kommen und nehmen Abschied. „Euer Herz erschrecke nicht!" – unter diesem Spruch aus dem Johannisevangelium findet die Trauerfeier im nahegelegenen Dorf Wilson statt. „Meet me in Heaven", „Wir treffen uns im Himmel", steht auf Jacks Grabstein.

Schuldgefühle und Begabung

Das Leben geht weiter für Familie Cash. Aber es dauert, bis die Traurigkeit nachlässt. Oft hören die Kinder die Mutter weinen: „Warum, warum?" Auch J. R. kann die Trauer nicht abschütteln, obwohl er nun viel mit seiner kleinen Schwester Reba unternimmt. Er zieht sich zurück, wird noch stiller und schweigsamer. Seine trüben Gedanken werden durch das Verhalten des Vaters verstärkt. Wenn er seinen Bruder an jenem Tag davon abgehalten hätte, ins Sägewerk zu gehen, würde Jack noch leben, hatte der gesagt. J. R. plagen Schuldgefühle. „Er fraß alles in sich hinein", erzählt Mutter Carrie später. Trost findet J. R. in der Gospelmusik; das ist seine Welt. Bei der Arbeit singt er die Songs, die er abends im Radio gehört hat. Um Jack nachzufolgen, werde auch er den Glauben verkündigen, nimmt er sich vor – aber nicht als Prediger, sondern als Gospelsänger. Für Vater Ray ein Hirngespinst: So könne er doch nicht durchs Leben kommen: „Du wirst es nie zu etwas bringen. Vergiss die Gitarre!"

J. R. zieht sich immer weiter in sich selbst zurück. Dann fällt ein furchtbarer Satz, der ihm förmlich den Boden unter den Füßen wegzieht: „Jammerschade, dass du es nicht warst anstelle von Jack."

Die Verletzung ist tief und anhaltend. Noch viele Jahrzehnte später führt etwa seine Tochter Kathy seinen zeitlebens so traurigen Blick auf die Schuldgefühle zurück, die Cashs Vater mit seinen Sprüchen noch verstärkt habe.

J. R. ist im Zweispalt. Die Bibel verlangt, den Vater zu ehren – doch wie geht das, wenn der seine eigene Schwäche am Sohn auslässt? J. R. hofft auf die Macht des Glaubens. Rays Vater war Prediger, Ray weiß also durchaus, worum es im Glauben geht. Ehrenamtlich hilft er in der Kirchengemeinde mit, trägt sogar den Titel „Diakon". Baptistenpastor Hal Gallop ist ein freundlicher, gutaussehender Mann. Während eines Gottesdienstes bittet er Ray Cash, als Urlaubsvertretung am kommenden Sonntag die Predigt zu übernehmen. Der Tag naht. Ray zieht sich seine besten Sachen an: einen grauen Anzug, ein weißes Hemd und eine schwarze Krawatte. Als er auf die Kanzel steigt, ist J. R. enorm stolz auf seinen Vater. Und der bekennt öffentlich seine ganze Schwachheit.

„Ihr habt mich gebeten, heute zu predigen", beginnt er, „und ich kann eure Bitte nicht ausschlagen, aber ich verdiene es nicht, hier zu stehen. Ich bin ein schlechter Mann. Ich war schon immer schlecht. Ich verdiene es nicht, auf dieser Kanzel zu stehen."

Dann spricht er über einen Text aus dem 2. Buch der Chronik, Vers 7,14: „Wenn mein Volk, über das mein Name genannt ist, sich demütigt, dass sie beten und mein Angesicht suchen und sich von ihren bösen Wegen bekehren, so will ich vom Himmel her hören und ihre Sünde vergeben und ihr Land heilen." Eine halbe Stunde lang predigt Ray Cash, J. R. hört gebannt zu. Am Ende sieht er seinen Vater umringt von vielen Menschen, die ihm die Hand schütteln wollen. Offensichtlich hat Jacks Tod bei Vater Ray einiges ausgelöst. Nicht nur in Glaubensdingen: Er hat aufgehört, Alkohol zu trinken. Trotzdem bleiben J.R. leise Zweifel: Sind die Frömmigkeit und Reue, die sein Vater da zeigt, echt oder gespielt?

Die Musik bleibt auch weiterhin J. R.s Begleiterin, von ihr lässt er sich ablenken und trösten. Er hat einen Jungen im gleichen Alter kennengelernt, der genauso musikversessen ist wie er. Gemeinsam hören sie Radio, tauschen sich aus. J. R. träumt sich auf die Bühne oder ins Radio. Jemand müsste doch mal sein Talent entdecken! Mutter Carrie unterstützt ihn, verschafft ihm die Möglichkeit, in der Kirche vor der Gemeinde zu singen. Für J. R. wird das ein „schreckliches Erlebnis". Er ist schüchtern, ein fremder Mann spielt Klavier und der Prediger steht neben ihm, alle schauen ihn an. „Wie im Bombenhagel" fühlt er sich, als er sein Lied singt.

J. R. ist 15, der Stimmbruch arbeitet für ihn. Schnell wird seine Stimme viel tiefer. Eines Tages kommt er mit seinem Vater aus dem Wald heim, sie hatten den ganzen Tag Holz geschlagen. Gedankenversunken singt er vor sich hin, unter anderem den aktuellen Gospelsong „A Wonderful Time up There". „Wer hat da denn eben mit so einer tiefen Stimme gesungen?", fragt die Mutter. „Ich", antwortet J. R., der sich selbst über die Wandlung seiner hohen Kinderstimme in einen tiefen Bassbariton wundert. Nochmal singt er den Gospel, der davon handelt, dass alle Menschen einst vor Gott im Himmel singen werden – „Glory Halleluja!" Mutter Carrie weint vor Rührung. J. R. ist ebenfalls aus dem Häuschen: „Hast du das gehört, meine Stimme ist tiefer geworden", freut er sich und singt „Boom baba, boom baba, boom baba".

„Gott hat seine Hand auf dir", sagt die Mutter, „du wirst die Botschaft Jesu Christi verbreiten." Sie will ihm Gesangsunterricht bezahlen; nach einer Weile willigt J. R.

ein. Die Lehrerin ist anfangs nicht begeistert, J. R. singt lustlos die von ihr ausgesuchten Lieder. Dann lässt sie ihn einen eigenen Song auswählen. J. R. singt den „Lovesick Blues" von Hank Williams – so hinreißend, dass die Lehrerin keinen Unterrichtsbedarf mehr sieht.

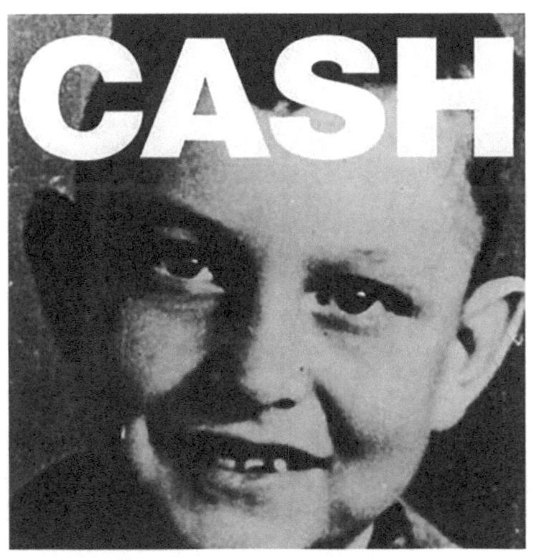

Auf der posthum erschienenen CD „Ain't no grave" ist ein Kinderbild Johnny Cashs zu sehen.

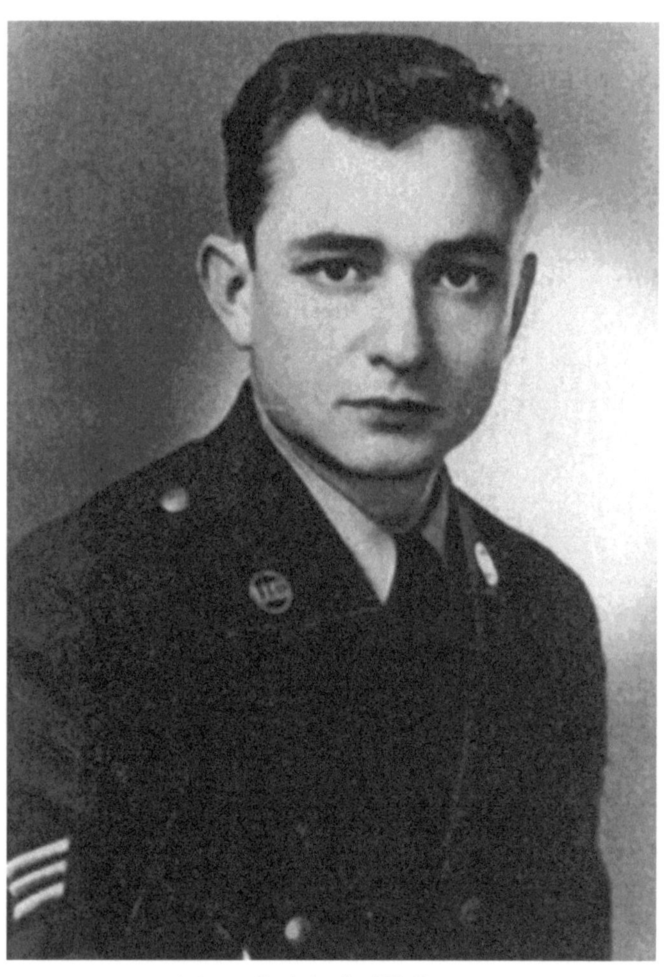

Johnny Cash in der US-Kaserne im bayerischen Landsberg

2

„Gott hat mir das beste Mädchen gesandt!“

Liebesschwüre aus Bavaria

Der Schulabschluss ist geschafft. Was nun? Die Baumwollernte wird von Jahr zu Jahr schlechter, Vater Ray muss inzwischen zusätzliche Jobs annehmen. Da liegt es nahe, dass auch J. R. zum Haushaltseinkommen beiträgt. Er sucht sich einen Job in einer Fabrik, dort stanzt er Autoblechteile – eine dumpfe Tätigkeit. Schon nach drei Wochen kündigt er.

Das US-Militär sucht Nachwuchs. Für viele Schulabgänger ist das die einzige gute Perspektive – auch für J. R.: Soldat zu werden ist für ihn die beste „Möglichkeit, aus den Baumwollfeldern herauszukommen“.

Die Grundausbildung findet auf einer Air-Force-Base im texanischen San Antonio statt, 1200 Kilometer von Dyess entfernt. Den seltsamen Namen „J. R.“ akzeptiert die Militärbehörde nicht. „John R.“ trägt er deshalb in das Formular ein und freundet sich mit dem neuen Namen an. Auch anderes ändert sich nun für ihn. In der Kirche kann er nicht mehr singen – stattdessen singt er bei Märschen „lustige Lieder“ mit deftigen Texten.

An seinen freien Tagen geht er mit anderen in die Stadt, ins Kino und in Kneipen. Als Farmersohn aus Arkansas staunt er über das Stadtleben. Gefällt ihm ein Mädchen, bleibt er schüchtern und denkt sich: „Bestimmt sieht sie durch diese Air-Force-Uniform hindurch und tut mich als Krautbauern ab.“

Doch am 18. Juli 1951, da ist alles anders. John geht nachmittags mit einem Freund ins Kino. Auf dem Rückweg kommen sie an einer Rollschuhbahn vorbei. Viele Mädchen sind dort und hoffen, Jungs kennenzulernen. Die beiden Soldaten leihen sich Rollschuhe – und John entdeckt „das hübscheste Mädchen“, das er je gesehen hat. Braune Haare und rehbraune Augen, mit 1 Meter 50 zierlich, getönter Teint.

Es ist kurz vor Betriebsschluss. Will John sie kennenlernen, muss er schnell handeln. Er fährt auf das Mädchen zu, stößt mit der schönen Unbekannten zusammen – und hilft ihr auf. Als „Johnny“ stellt er sich vor. Sein Herz schlägt ihm bis zum Hals. Er stimmt ein Liebeslied für sie an: „I Still Feel the Same About You“. Vivian fühlt sich wie im siebten Himmel. Noch nie hat ein Junge für sie gesungen! Sie erzählt ihm, wie sie heißt: Vivian Liberto. 17 Jahre sei sie alt und besuche eine katholische Mädchen-High-School. Mit Schmetterlingen im Bauch drehen die beiden gemeinsame Runden. John tut so, als könne er nicht gut fahren, und hält sich immer wieder an ihr fest.

Als die Bahn schließt, fragt er sie, ob er sie nach Hause bringen darf. Vivian willigt ein. Mit dem Bus fahren sie zu ihr. Vor der Haustür sagt er ihr: „Du bist das hübscheste Mädchen, das ich in Texas je gesehen habe." Dann versucht er sie zu küssen. Doch Vivian weist ihn ab: Sie küsse Jungs nicht schon beim ersten Mal. Sie wundert sich: Andere Jungs hatten es dann trotzdem versucht. John hingegen reagiert ruhig. „Ich ruf dich an!", sagt er nur und geht.

Nachts in ihren Betten merken beide: Sie sind Hals über Kopf verliebt. Täglich telefonieren sie miteinander; sie gehen ins Kino oder spazieren am Flussufer entlang. Vivian ist die Frau seines Lebens, fühlt John, sie würde sicherlich auch eine gute Mutter werden. Den ersten Kuss geben sie sich nach einer Woche in einem Drive-in-Restaurant.

Nach der Grundausbildung bei der Air Force wird John vor die Wahl gestellt: Er könne in Alaska oder in Deutschland im Abhördienst arbeiten. Europa lockt ihn, vieles möchte er dort sehen. Er wählt Deutschland. In drei Wochen soll es losgehen – mit dem Schiff von New York nach Bremerhaven.

In diesen drei Wochen fühlen sich John und Vivian wie in einem Liebesfilm. John weiß: Mit dieser Frau will er sein Leben verbringen. Die Jahre, die er in Deutschland sein muss, würden sie schon überstehen; jeden Tag werde er ihr einen Brief schreiben, verspricht er – und wünscht sich dasselbe von ihr.

Kurz vor der Abreise besucht John noch einmal seine Eltern und Geschwister in Dyess. Von dort aus ruft er „Viv" – so nennt er seine Freundin liebevoll – an. Außerdem schreibt er ihr einen Brief, in den er ein Foto von sich legt. Sie möge ihm auch eines von sich schicken, bittet er sie.

Dann fährt er nach New Jersey. In ein paar Tagen steht die Verschiffung an. Auch von New Jersey aus schreibt er Vivian einen Sehnsuchtsbrief, „in Liebe, Johnny", unterschreibt er ihn. Er hat noch Zeit, New York zu besuchen, schaut sich ein Broadway-Musical an. Am 20. September 1951 geht es an Bord eines großen Truppenbeförderungsschiffes. Sofort schreibt John den nächsten Brief mit „Ozeanen voller Liebe und Hingabe". Im Schlafraum lernt er einen Kameraden kennen, die beiden teilen zwei Leidenschaften: Beide sind fromm und lesen in der Bibel – und beide lieben Musik. Sie vertreiben sich die Zeit mit dem Singen von Country-Songs.

Liebesgrüße aus Bayern

Von Bremerhaven aus geht es mit dem Zug gen Süddeutschland. Sonthofen, eine Stadt im Oberallgäu kurz vor der österreichischen Grenze, ist die erste Station. „Der wundervollste Ort auf der Welt, den ich je gesehen habe in meinem Leben", so beschreibt John Vivian die Gegend. Das burgähnliche Gebäude, in dem er untergebracht ist, sei von „master Hitler" für seine Offiziere gebaut worden. „Aber die leben hier nicht mehr", beschwichtigt er Vivian.

Dann geht es weiter in die Royal-Air-Force-Basis in Penzing bei Landsberg am Lech. Für die nächsten drei Jahre wird hier sein Zuhause sein. Das alte Kasernengebäude wirkt mit seinem Arkadenhof fast klösterlich. John ist nun einer von Zigtausenden amerikanischen GIs, die nach dem grausamen Krieg den Frieden sichern sollen. Die Grenze zwischen dem Westen und dem Ostblock verläuft durch Deutschland; John befindet sich auf einem Außenposten. Er soll Funksprüche aus dem Osten abfangen und entschlüsseln – eine anstrengende Tätigkeit, die viel Konzentration erfordert. Stundenlang sitzt er in einem dunklen Raum, in den Ohren den stetigen Takt unzähliger Morsezeichen. Die Schichten dauern acht, oft auch zwölf Stunden. Das zehrt an den Nerven. Sechs Tage muss er arbeiten, dann erst gibt es drei Tage frei.

Einige der Kameraden halten die Anspannung nicht aus und brechen zusammen. Auch John leidet unter der Belastung, er fühlt sich wie ein Gefangener. Immer wieder gehen ihm die Nerven durch, einmal wirft er eine Schreibmaschine aus dem Fenster. Entspannung sucht er beim Radiohören. Da hört er Musik, christliche Gottesdienste und die Country-Shows aus der „Grand Ole Opry" in Memphis.

In der Kaserne wird jedoch auch für Abwechslung gesorgt. An einem seiner ersten freien Tage geht John ins dortige Kino, wo der Hollywood-Film „Inside the Walls of Folsom Prison" läuft. „1000 Sträflinge, so gefährlich wie Dynamit – und ein Mörder, der die Lunte zündet", steht groß auf dem Plakat. Die Geschichte spielt im kalifornischen Folsom State Prison, einem der ältesten Hochsicherheitsgefängnisse der USA. Dort herrscht ein strenger Direktor, der die Gefangenen knechtet und ein brutales Wächtersystem aufgebaut hat. Als er sich nicht auf Reformen einlässt, gibt es einen blutigen Aufstand. John ist tief bewegt. Schuld, Sühne, Gerechtigkeit, Strafe: Viele seiner Lebensthemen findet er auf der Leinwand wieder.

Sofort danach schreibt er „Sweetheart“ Vivian von seinem Kinobesuch. Die Briefe an sie sind Dokumente übergroßer Verliebtheit. John ist beseelt von der Vision, dass sie heiraten und eine Familie gründen werden. Das Leben mit „Viv“ stellt er sich himmlisch beglückend vor. Sobald einige Tage lang kein Brief von ihr in Landsberg ankommt, beklagt er sich. Er selbst schreibt im Liebesrausch weiter, schildert detailliert Ausflüge nach München, Augsburg und Österreich. Überall würden die amerikanischen Soldaten „wie Könige“ behandelt, wundert er sich – und das, obwohl die US-Air-Force hier ein paar Jahre zuvor noch Städte zerbombt habe. Überhaupt – die Deutschen findet er befremdlich. „Alle fahren mit dem Rad. Und auf den Straßen geht es zu wie in einem Bienenstock. Es ist fast Selbstmord, sie zu überqueren.“

John ist neugierig und will mehr von Europa erkunden. Auf einem Kurztrip nach London erlebt er die Krönung von Elisabeth II. mit; in Paris besucht er das Varieté „Folies Bergère“; „verliebte Paare“ erlebt er in Venedig, der außergewöhnlichsten Stadt, die er jemals gesehen hat. Er segelt auf dem Ammersee und macht ein paar Tage Sightseeing in Portugal.

In seinem Dienst gilt John als absolutes Ass. Immer, wenn es schwierige Nachrichten zu enträtseln gibt, wird er geholt. So hört er eigenen Angaben zufolge auch die ersten Meldungen vom Tod des sowjetischen Diktators Josef Stalin. Außerdem ortet er ein Signal „des ersten sowjetischen Düsenbombers auf seinem Jungfernflug von Moskau nach Smolensk“.

Oft denkt John in dieser Zeit über Vivians Kirchenzugehörigkeit nach. Die katholische Kirche gilt in seiner Familie als obskure Spielart des christlichen Glaubens. Viele Vorurteile und Gerüchte kursieren über diese Konfession. John gibt sich Mühe, sie besser zu verstehen. Einer seiner Zimmergefährten, Ben, ist Katholik. Von ihm will er lernen. Sogar einen katholischen Gottesdienst will er mit ihm besuchen.

Ein zweites Thema, das immer mehr Raum einnimmt, ist der Alkohol. An ihren freien Tagen lassen es die Soldaten krachen und besuchen Kneipen in den umliegenden Städten. Auch John geht mit und trinkt oft sehr viel. Überzeugt, dass jedes Besäufnis das letzte war, berichtet er Vivian von seinen Alkohol-Eskapaden. Zum Beispiel davon, dass er im Rausch ständig von ihr geschwärmt habe: „Sie hat die schönsten Augen und die weichsten Lippen der Welt." Vier Tage später fühlt er Reue: Nie wieder werde er sich so betrinken, verspricht er ihr, sie solle ihm doch bitte glauben, dass er sich schäme – auch, weil er seiner Mutter versprochen habe, nie dem Alkohol zu verfallen. Doch das Muster bleibt: John schreibt, dass er sich betrunken habe, bittet um Verständnis, kündigt an, dass dies wirklich nicht wieder vorkomme – und trinkt nach kurzer Zeit wieder.

Vivian reagiert besorgt. Sollte John zum Trinker werden, würde sie sterben, schreibt sie ihm.

Bei seinen Ausflügen gerät John auch in Auseinandersetzungen. Einmal, gesteht er, habe er sich in einem Restaurant mit drei polnischen Männern geschlagen. Vier Zähne habe er einem von ihnen ausgeschlagen – und ihm die Nase gebrochen. Vivian kann aus der Ferne nicht viel tun. Sie schickt John eine Christophorus-Medaille: ein Amulett mit einem Bild des heiligen Christophorus, des Schutzheiligen der Reisenden. John bedankt sich: „Es ist von Gott und von dir."

Erste Songs

In einem Landsberger Laden im Schatten der Kirche Mariä Himmelfahrt kauft er sich für 20 Mark, etwa fünf Dollar, seine erste eigene Gitarre. Zu Fuß trägt er das Instrument sechs Kilometer weit durch den knietiefen Schnee zur Kaserne. Nun kann er sich beim Singen endlich begleiten.

Zum Einsatz kommt sie auch an Fasching 1952. Die Turnhalle der Kaserne ist geschmückt. Party ist angesagt. Von mittags bis Mitternacht spielt John Gitarre. Für jedes Lied nimmt er einen Dollar. Am Ende sind 200 Dollar in der Kasse. Er spendet das Geld an eine Organisation, die sich gegen Kinderlähmung engagiert.

Allein zu spielen wird ihm allerdings schnell zu langweilig. John findet zwei junge Musiker, gemeinsam gründen sie die Band „Landsberg Barbarians". Einer der beiden spielt Gitarre, der andere Mandoline. Stundenlang sitzen sie zusammen und spielen Country-Songs. Von seinen 85 Dollar Monatssold leistet John sich ein Tonbandgerät. Nun können sie ihre Songs aufnehmen.

John beginnt nun auch, eigene Songs zu schreiben. Was er im Radio hört, inspiriert ihn. Der Song „Crescent City Blues" zum Beispiel. Er handelt von einem Mädchen namens Sue, das einsam und liebessehnsüchtig in Crescent City sitzt. Aus der Ferne hört sie das Pfeifen eines Zuges. Sie bezieht es auf sich, es heiße: „Sue, verschwinde!“ Sue fühlt sich ungeliebt und weint. Dann stellt sie sich vor, wie in dem Zug reiche Leute luxuriös speisen. Es gibt Fasanenbrust und Kaviar. Neidisch ist sie nicht, aber sie träumt davon, dass der Zug sie dorthin bringen könnte, wo ihre große Liebe zu finden ist.

Der Song rührt John. Er überlegt, wie es wohl wäre, wenn ein Gefängnisinsasse das Pfeifen eines Zuges hörte. Welche Gedanken hätte er wohl? Für welche Tat wäre der Mann verurteilt worden? John lässt seiner Fantasie freien Lauf und wägt ab, „was das Böseste für einen Mann ist“. Er habe den schlimmsten Grund dafür gesucht, dass ein Mann jemanden umbringt, erzählt er später: „Und ich dachte mir: ‚einfach so, um ihn sterben zu sehen‘. Das könnte ein ziemlich guter böser Grund sein.“ Die Zeile „I shot a man in Reno just to watch him die“ ist gefunden. Bald wird daraus der „Folsom Prison Blues“.

Heiratspläne

Im Briefwechsel zwischen John und Vivian wird auch Eifersucht zum Thema. Wenn John mit seinen Freunden nach München und Augsburg fährt, treffen sie dort viele deutsche Frauen. Vivian gefällt das gar nicht. Diese Frauen bedeuteten ihm nichts, schreibt John ihr. 100 von ihnen bedeuteten ihm nicht so viel wie ein einziger Kuss von ihr. Aber er sei eben auch nur ein Mensch und es sei langweilig, immer nur die Männer um sich herum anzuschauen, das könne sie doch wohl verstehen?!

Gleichzeitig denkt John ständig an die geplante Hochzeit mit Vivian. Sofort nach seiner Rückkehr soll sie stattfinden, das steht für beide fest. Eine große Hürde wittert er allerdings darin, dass Vivian katholisch ist. Wenn die Eheleute unterschiedlichen Kirchen angehören, hat er gehört, müsse die Hochzeit katholisch sein. Ob das wirklich stimme, fragt er sie. Müssten ihre Kinder dann tatsächlich katholisch erzogen werden?! Und dürften sie als Eltern die Namen für ihre Kinder dann wirklich nicht selbst aussuchen? Eine wilde Mischung aus Gerüchten, Fehlinformationen und tatsächlichen Unterschieden zwischen den Konfessionen geht ihm immer wieder aufs Neue durch den Kopf.

In seiner Not bittet John seine Schwester um Rat, und der fällt sehr kritisch aus. Vivian erfährt davon. „Schatz, es tut mir leid, dass meine Familie die katholische Religion schlechtmacht“, versucht John sie zu beschwichtigen – und hat eine bemerkenswerte Erklärung dafür: Das sei nur der Fall, weil Katholiken dem Alkohol gegenüber toleranter seien als Protestanten. Ausgerechnet er, der sich immer wieder betrinkt und für den der Alkohol offensichtlich immer mehr zum Problem wird, fragt Vivian: „Sag mir die ehrliche Wahrheit: Glaubst du an mäßigen Alkoholkonsum und verspürst du den Drang zu trinken? Ich will dich nicht wütend machen, Schatz, aber ich möchte deine Meinung zu diesen Dingen hören. Ich habe mich nur gefragt, was deine Eltern dir darüber beigebracht haben. Und glaubst du, ich kann mich unter deine Familie und deine Freunde mischen, ohne ein bisschen zu trinken? Bitte sag mir ganz genau, was du darüber denkst.“

So viel Nachsicht er von Vivian fordert, so streng ist er mit ihr, was vermeintliche „kleine Sünden“ angeht. Als er liest, dass sie geraucht habe, zeigt er sich konsterniert. Das sei er von den Mädchen in seiner Heimat Dyess nicht gewohnt. Einigen Männern sei es egal, wenn ihre Freundinnen rauchen. Ihm nicht. Auch solle sie bitte keine Drinks mehr nehmen. Auch er selbst habe sich geschworen, nichts mehr zu trinken!

Vivian beschäftigen die konfessionellen Unterschiede kaum. Ihr liegt daran, den gemeinsamen christlichen Glauben zur Stärkung ihrer Fernbeziehung einzusetzen. Im Februar 1953 schlägt sie John vor, einmal in der Woche zur selben Zeit zu beten. Auf diese Weise könnten sie eine ganz besondere Nähe erfahren. „Eine wundervolle Idee“, antwortet John, „wie wär's an jedem Samstagabend um 9 Uhr deutscher Zeit, das wäre 2 Uhr mittags in San Antone?“ Da habe er meistens frei; sollte er außerplanmäßig doch arbeiten müssen, würde er sich ein paar Minuten frei nehmen.

John ist glücklich über ihr Gebets-Projekt. „Ich frage mich, wie viele verliebte Mädchen und Jungs auf die Idee kommen, sich Gott als Lebensbegleiter zu wählen. Einige würden lachen über uns, aber ich würde das, was wir erleben, für kein Geld der Welt eintauschen.“ Nach dem ersten Gebet fühlt er sich „sehr gut“. An jedem Samstagabend stellt er sich vor, dass Vivian allein auf ihrem Bett liegt und betet. Er selbst sucht sich stets einen einsamen Platz, geht auf Toilette oder in den Keller. Nur einmal habe er den gemeinsamen Termin vergessen, gesteht er ihr später und bittet um Entschuldigung. Er sei mit Freunden in Augsburg gewesen. „Es tut mir so weh, dass du allein beten musstest. Ich brauchte aber auch jemanden, der für mich betet!"

In seiner großen Sehnsucht nach Vivian findet John Trost bei einem Radio-Prediger. Der verkündet, „dass Gott die Menschen traurig, einsam und unglücklich macht, damit sie näher bei ihm bleiben". John fragt sich, ob das nicht der Sinn hinter der nun schon 19 Monate andauernden Trennung von Vivian sein könnte. „Wir müssen uns daran erinnern, ihn anzubeten und uns auf ihn zu verlassen, wenn wir wieder zusammen und glücklich sind", nimmt er sich vor und tröstet sich mit den zerbröselten Keksen, die Vivian ihm geschickt hat. Im April 1953 unterschreibt er seinen Brief an sie mit: „Dein künftiger Ehemann".

Verunsicherung

Mitte April macht John einen Ausflug nach Zürich. Dort erschrickt er über sich selbst. Mit seinem Freund Grady besucht ein Museum. Sie kommen an einem großen Kruzifix vorbei. Cash ist verblüfft und fragt: „Was zum Teufel machst du da oben?" Kaum hat er es gesagt, erstarrt er. So redet man doch nicht zu Jesus! Er bittet Gott um Vergebung. „Ich kann nicht verstehen, was mich da trieb. Ich habe wohl eines der schlimmsten Dinge getan, die ich je in meinem Leben getan habe!", schreibt er Vivian – und dass er glaube, Gott habe ihm vergeben.

Doch wirklich sicher, dass er mit Gott im Reinen ist, scheint John sich nie zu sein. Als er im Mai auf ein Buch mit dem Titel „Mixed Marriages" stößt, flammt auch seine Verunsicherung, was Vivians Konfession angeht, erneut auf. Protestanten und Katholiken sollten nicht heiraten, steht da! Und wenn doch? Dann gelten Regeln. Eine Katholikin etwa müsse vor der Heirat mit einem Protestanten geloben, dass sie immer alles dafür geben würde, ihren Mann zum Katholizismus zu bekehren. John ist beunruhigt und fragt sich, ob Vivian das wirklich versuchen würde. Nachts bekommt er kein Auge zu. „Letztendlich gibt es nur einen Gott, mit dem wir rechnen müssen, und ein Gott regiert jetzt unser Leben. Ob er nun baptistisch, katholisch, jüdisch oder was auch immer ist", versucht er sich schließlich zu beruhigen.

Als er liest, „Liebe sei nur ein Fieber, das nur ein paar Monate, vielleicht ein Jahr nach der Heirat anhält", erklärt er den Autor des Buches „Mixed Marriages" schlicht für verrückt. Dass das nicht stimmen könne, sehe man ja schon an ihren Eltern, schreibt er Vivian. Die seien schließlich schon ewig verheiratet und liebten sich immer noch.

Seine irrationale Verunsicherung lässt trotzdem nicht nach. Auch das Thema Sex beschäftigt ihn. In dem Buch war zu lesen, Protestanten hätten „eine schmutzige Einstellung zum Sex". „Ich habe nie schmutzige Dinge zu dir gesagt", schreibt John, um Bestätigung ringend, an Vivian. „Wenn dieser Typ mich fragen würde, was ich von Sex halte, würde ich ihm sagen: Es ist etwas von Gott Gegebenes, das nur verheiratete Menschen haben." John argumentiert gut protestantisch. „Gott hat uns so geschaffen, wie wir sind, damit wir heiraten und lieben können." Sexualität sei „heilig", und „wenn zwei Menschen verheiratet sind und sich lieben, sind sie Gott nahe, wenn ihre Körper miteinander verbunden sind." Doch wieder scheint er sich seiner selbst nicht sicher zu sein. Vielleicht habe Vivian einige Ausdrücke, die er zu ihr gesagt habe, als „schmutzig“ empfunden? „Dann gebe ich meine Sünde zu“, betont er. Er jedenfalls sei ein anderer Protestant als die, die in dem Buch „Mixed Marriages“ beschrieben würden.

Auch versucht er, Vivian – oder sich selbst – Ängste vor der Hochzeitsnacht zu nehmen: „Ich glaube nicht, dass ich dir in unserer Hochzeitsnacht etwas beibringen kann, Vivie. Ich werde so nervös sein und ich werde so schwach sein, weil du so schön sein wirst und ich dich so brauche. Wir werden beide Schmetterlinge im Bauch haben. Ich will dir nichts beibringen, Viv, Schatz. Ich möchte, dass wir gemeinsam lernen. Ich denke, es wird von selbst kommen, Viv.“ Glaube, Lust und seine Angst, ungewollt auf der falschen Seite zu stehen, bilden ein eigentümlich verwobenes Ganzes.

Die Unterschiede zwischen den Konfessionen wurmen ihn. Sogar beim Thema Kartenspiel gibt es verschiedene Ansichten. „Karten spielen verstößt gegen unsere religiösen Überzeugungen“, erklärt er Vivian. Seine Mutter würde Spielkarten sogar verbrennen.

„Manchmal frage ich mich, wie ich jemals zu deinen Freunden und deinem Lebensstil passen werde“, grübelt er. „Wie kann ich jemals Silvesterpartys, ‚Kartenpartys‘ und Trinken als ‚richtig‘ akzeptieren?“

Eine Zeitlang malt er sich aus, wie es wäre, wenn Vivian nach Landsberg kommen würde; er spricht sogar mit seinen Vorgesetzten. Doch aus der Idee wird nichts – ins ferne Deutschland zu reisen und ihn dort zu heiraten, das kann Vivian sich dann doch nicht vorstellen.

Sein nervenaufreibender Dienst und die fast schon zwanghaften Grübeleien über seine Zukunft mit Vivian kosten John viel Energie. Während der Arbeit erleidet er einen Nervenzusammenbruch. Zwanzig Minuten lang zittert und weint er.

Ob sie den neuen Song „You're Drifting Away" von Bill Monroe kenne, fragt er Vivian, er selbst liebe ihn. Vielleicht, weil er sich direkt angesprochen fühlt. „Du driftest ab", heißt es da: „Warte nicht zu lange, damit Jesus dein Gebet erhört!"

Im Mai 1954 rückt das Ende des Militärdienstes für den inzwischen 22-Jährigen näher. Im Juni werde er zurückkommen, schreibt John Vivian; sie möge bis dahin bitte viel essen und viel schlafen, denn wenn er da sei, würde sie „nur wenig Schlaf bekommen"; es sei viel zu tun. Seine Rückkehr verzögert sich etwas, am 4. Juli soll er mit dem Flugzeug in Memphis ankommen. Ende Juni fährt Vivian zu Johns Eltern nach Dyess. Zusammen wollen sie ihn vom Flughafen abholen. Sie stehen im Ankunftsbereich, als er ihnen in adretter Uniform entgegenkommt. Vivian läuft zu ihm und sie umarmen sich.

Sofort beginnen die Hochzeitsplanungen. Vivians Vater macht jedoch zur Bedingung, dass die beiden 30 Tage warten und ihre Entscheidung noch einmal überprüfen. Sex vor der Ehe ist für beide tabu, da haben auch die Väter ein Auge drauf. Also schlafen die beiden im Haus der Familie Cash in getrennten Betten. Der 5. Juli 1954 ist ihr erster gemeinsamer Morgen nach fast drei Jahren Trennung.

„That's Alright Mama“

An diesem Tag geschieht 31 Meilen entfernt, in Memphis, etwas, was die Musikwelt aufmischen wird: Am Studio von „Sun Records“ klingelt der junge Musiker Elvis Presley. Er ist mit anderen Musikern und dem Produzenten Sam Phillips zu einer Session verabredet. Im Jahr zuvor war Presley bereits hier gewesen und hatte ein Lied für seine Mutter aufgenommen. Nun will Sun-Records-Inhaber Sam Phillips sich den 19-Jährigen noch mal genauer anhören.

Sam Phillips ist leidenschaftlicher Musikfan. Und er hat eine in Zeiten der Rassentrennung revolutionäre Vision: Die weiße Country-Musik und die schwarze Blues- und Spiritual-Musik gehören für ihn zusammen, denn in ihnen wohne dieselbe Unruhe, derselbe Spirit, dieselbe ungezügelte Sehnsucht nach Freiheit, Aufbruch und Gerechtigkeit. Philipps sagt den etablierten Plattenfirmen den Kampf an. Sein Netzwerk in Memphis ist groß, Lokalmusiker wie B. B. King und Howlin' Wolf nehmen mit ihm Songs auf. Das ermöglichte ihm die Eröffnung des eigenen Studios und die Gründung des eigenen Labels: „Sun Records“. Hier soll nicht nur kommerziell produziert werden, hier sollen sich Musiker und Musikerinnen treffen, jammen und Neues wagen. Sam Phillips hofft, dabei neue Talente zu entdecken, die vielleicht mal Superstars werden.

Bei Elvis Presley hat er da zunächst wenig Hoffnung. Seine Stimme ist eher durchschnittlich, sie lässt die Songs nicht leuchten. Doch dann greift Elvis zur Gitarre und singt einen acht Jahre alten Blues-Song: „That's Alright

Mama". Sam Phillips horcht auf. In Elvis' Stimme schwingen Rebellentum, Sexappeal und Unbefangenheit mit. Er lässt den Song von den Musikern begleiten: Eine sparsame Akustikgitarre spielt Blues-Riffs in einem ungekannten Rhythmus, der Bass treibt den Song an.

Memphis, das ist auch das Ziel von John Cash. Dort möchte er nach der Hochzeit mit Vivian leben und eine Familie gründen – und die Radio- und Musikszene entdecken. Am 7. August 1954 ist es so weit: In der Kirche St. Anna in San Antonio findet der katholische Traugottesdienst statt. Er wird geleitet von Father Vincent, einem Onkel von Vivian.

Die Feier ist alkoholfrei, so wie Johnny es sich gewünscht hat. Endlich sind sie am Ziel ihrer Träume, Vivian wird „Mrs. Johnny Cash".

Und wie geht es nach der Hochzeit weiter? „Gott möchte, dass wir uns lieben und achten", meint John. In einem Brief hatte er Vivian schon zuvor unterbreitet, wie er das „Achten" versteht: Vivian solle bitte nicht arbeiten gehen. „Ich bring den Braten nach Hause, das reicht", schrieb er, denn „du wirst glücklicher sein, wenn du nur den Haushalt machst – ich auch!" Für ihn steht fest: „Gott hat mir das beste Mädchen der Welt geschenkt."

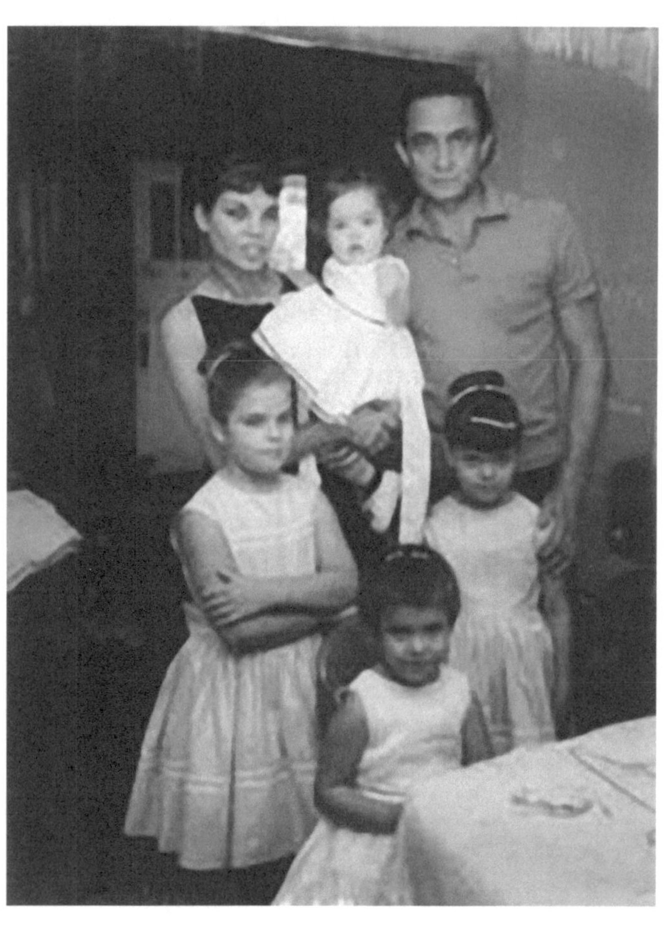

Johnny Cash mit Vivian und Töchtern Rosanne, Tara, Kathy und Cindy

3

Versuchungen eines Superstars

Sex, Drugs und die Tücken der Treue

Das Ehepaar Cash wohnt inzwischen in Memphis. Die Wohnung ist klein und nicht gerade komfortabel: Sie hat keine eigene Küche. John jobbt als Verkäufer bei einem Elektrohändler. Aber Staubsauger und Kühlschränke dienen nur dem Geldverdienen. Er muss die Miete bezahlen und Vivian und sich wenigstens einen Mindeststandard bieten. Aus seiner Zeit in Landsberg hat er etwas Erspartes, davon kauft er sich ein Auto.

Sein Ziel steht fest: Er will Sänger werden. Im Radio läuft ein neuer Song rauf und runter, „die heißeste Platte der Stadt", verspricht der Radiomoderator. Es handelt sich um „That's Alright Mama" von Elvis Presley. John wundert sich: kein Country, kein Blues, kein Gospel – sondern von allem etwas. Erschienen ist der Song bei einem kleinen Label aus Memphis. Wenn „Sun Records" sich traut, so etwas Ungewöhnliches zu veröffentlichen, könnte nicht auch er dort mal vorsprechen und vorsingen?

Schon vor der Hochzeit hat sein Bruder Roy ihn mit zwei Kumpels bekanntgemacht, die in einer Autowerkstatt arbeiten. Marshall Grant und Luther Perkins schrauben tagsüber an Autos herum und spielen abends Gitarre – nicht gut, aber so, dass es Spaß macht. Mit ihnen trifft John sich zu Sessions. Er bringt die Gitarre mit, die er in Landsberg gekauft hat. Sie spielen Songs von Hank Williams, Hank Snow, auch Gospels und andere Hits, die im Radio laufen. Es macht ihnen so viel Spaß, dass sie sich ein-, zweimal in der Woche treffen.

Das Trio findet sich langsam zusammen: Die Gitarren harmonieren; John ist der Leadsänger, die beiden anderen singen die Background-Vocals. Sie wundern sich, als John einen selbstgeschriebenen Song mitbringt. „Belshazzar" handelt vom reichen und mächtigen König Belsazar (Belschazzar), einem Sohn Nebukadnezars, der in biblischen Zeiten das Königreich Babylon regierte. Er tat so ziemlich alles, womit man Gott erzürnen kann: Er umgab sich mit Gespielinnen und mehreren Ehefrauen, schändete heilige Orte und verehrte falsche Götter; er schlemmte und trank Wein – und fühlte sich unbesiegbar. Als er wieder einmal mit seinen Freunden feierte und Gott dabei demonstrativ lästerte, sah er plötzlich, wie eine geheimnisvolle Hand etwas an eine Wand schrieb. Der Prophet Daniel übersetzte es für Belsazar: „Du wurdest gewogen und für zu leicht befunden!" Deshalb werde Belsazars Königreich untergehen. Die Geschichte hat Cash aus der Bibel, sie steht im Buch Daniel (Kapitel 5). Die Musiker sind beeindruckt. Der erste eigene Song!

Als Elvis Presley ein Gratis-Konzert in Memphis gibt, gehen John und Vivian hin. Sie wechseln ein paar Worte mit dem Shooting-Star, er lädt sie zum Konzert am nächsten Abend ein. Von Elvis' Gitarristen bekommt John die Telefonnummer von „Sun Records".

Erste Schritte

Seine Band macht Fortschritte – auch wenn sie noch immer nicht wirklich gut spielen. Sie machen aus der Not eine Tugend: Die drei Akkorde, die jeder ihrer Songs hat, unterlegen sie mit einer trockenen Basslinie. Da sie kein Schlagzeug haben, klemmt John ein Blatt Papier zwischen Saiten und Gitarrenhals: So entsteht ein Schnarren, dass an eine Snare Drum erinnert und einen guten Rhythmus gibt.

Der erste Song, den sie Sam Phillips vorstellen wollen, ist ein Country-Gospel: „I Was There When It Happened" strotzt vor frommem Selbstbewusstsein und hält allen Zweiflern entgegen: „Ich war dabei, als es geschah: Jesus hat mir meine schwere Last genommen, die abscheulichen Sünden sind entmachtet. Jesus hat meine Seele gerettet!" Tatsächlich bekommen die drei die Chance, bei Sun Records vorzuspielen. Die Band klingt stümperhaft, aber Johns Stimme lässt Talentsucher Sam Phillips aufhorchen: Markant und ehrlich hört sie sich an, tief und mit einem leichten, unverwechselbaren Timbre. Wenn sie andere Songs hätten, bloß keine Gospels, könnten sie wiederkommen, verspricht er ihnen.

John erinnert sich an ein Gedicht, dass er in Landsberg geschrieben hat: „Hey Porter", die Geschichte eines Zugreisenden, der den Schaffner immer wieder mit der Frage nervt, wann sie denn eigentlich im Süden ankämen. Der Text eignet sich zum Vertonen – John schreibt eine einfache Melodie dazu. In Marshall Grants Garage proben die drei den Song und sind begeistert.

Bald steht auch ein erster Auftritt an, in einer Methodistenkirche. Vor einem Publikum aus lauter alten Damen spielen sie „I Was There When it Happened", „Belshazzar" und andere Songs. Nun wissen sie, wie es sich anfühlt, zu dritt auf der Bühne zu stehen. Voller Energie proben sie weiter. Cash spielt ihnen den „Folsom Prison Blues" vor, den er in Landsberg geschrieben hat. Luther Perkins entwickelt ein einfaches, aber eingängiges Gitarrensolo dazu.

Plattenvertrag und Treueschwur

Im Frühjahr 1955 fühlt John: Die Zeit ist reif. Noch einmal machen sie sich auf zum „Sun Studio". Sam Phillips ist begeistert, als er sie spielen hört. „Hey Porter" soll die erste Single werden, für die Rückseite schreibt John ein schnulziges Liebeslied im Rockabilly-Style: „Cry! Cry! Cry!" Der Bandname steht nun auch fest: „Johnny Cash & The Tennessee Two". Alles geht Schlag auf Schlag. Die zweite Single, „Folsom Prison Blues", ist schon aufgenommen, bevor die erste erscheint. „Hey Porter" startet als Newcomer-Song durch und wird im Radio gespielt. „Folsom Prison" wird noch erfolgreicher.

Johnny hat es geschafft. Er ist Sänger mit einem Plattenvertrag und wird in einem Zug mit Elvis Presley genannt. Immer mehr Auftrittsanfragen gehen ein. So viele, dass er seinen Job als Elektrogeräteverkäufer kündigen kann. Durch einen glücklichen Zufall kann er nun auch eine bessere Wohnung für sich und Vivian mieten. Dort ist genug Platz für Kinder. Das erste ist nämlich schon unterwegs: Kurz nach Erscheinen der ersten Platte wird Rosanne geboren. Johnny schwelgt im Glück. Binnen eines Jahres ist er Musiker, Ehemann und stolzer Vater geworden.

Auch Vivian ist glücklich. Erst recht, als Johnny gemeinsam mit Elvis Presley auf Tournee geht. Doch ihr kommen auch erste Bedenken. Sie sieht die vielen Frauen, die die Stars nicht nur anhimmeln, sondern die nach den Shows auch zu ihnen kommen, Autogramme und Kontakt suchen. Am Frühstückstisch spricht sie mit John darüber. „Schatz, ich gerate niemals in Versuchung", beruhigt er

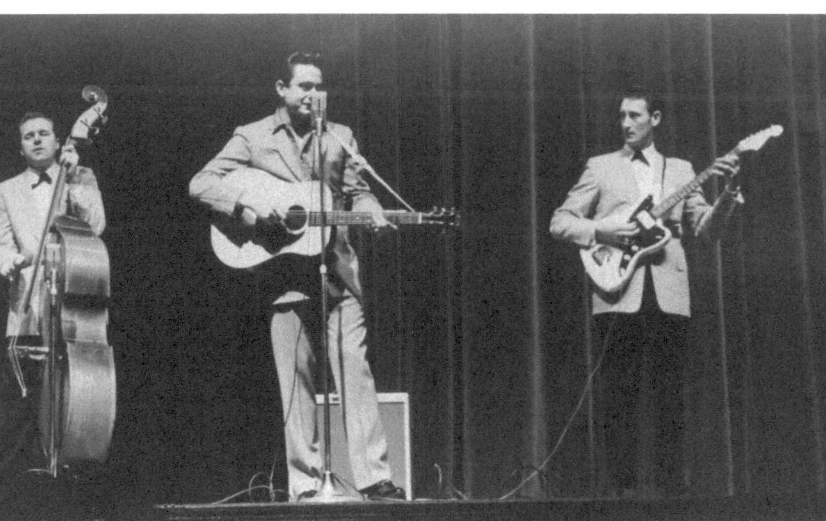

„Johnny Cash & The Tennessee Two",
Marshall Grant und Luther Perkins (rechts)

sie. Diese Frauen seien für ihn „wie Schaufensterpuppen", da müsse sie sich „niemals" Sorgen machen. Er verspricht: „I walk the line" – was so viel bedeutet wie „Ich bleibe auf dem rechten Weg". Diese Worte solle Vivian bitte auch notieren, er wolle sie zu einem Song verarbeiten.

Die Melodie fällt ihm ein, als Bassist Marshall Grant Bassläufe in verschiedenen Tonarten probt. John denkt zurück an eine Begebenheit in der Landsberger Kaserne. Damals hatte sich jemand an seinem Tonbandgerät zu schaffen gemacht. Als er die Play-Taste drückte, kamen nur Leiertöne heraus. Es hörte sich an wie „gespenstische Kirchenmusik". Die merkwürdigen Melodiefetzen und ein Brummton waren ihm im Sinn geblieben. Den Text schreibt er hinter der Bühne während einer Spielpause. In fünf Strophen packt er seine übergroßen Liebesgefühle in Worte. Von dem unzerreißbaren Band, das ihn mit Vivian verbinde, ist da die Rede und davon, dass es ihm leichtfalle, treu zu sein: „Weil du mein bist, bleibe ich auf dem rechten Weg!" Von Strophe zu Strophe ändert er die Tonart; um die jeweils passende zu finden, summt er vor sich hin. Das Lied, das so entsteht, wirkt wie ein musikalischer Treueschwur an Vivian.

Später wird John zu diesem Song erklären: „Ich sage darin, dass ich nicht nur jenen treu sein werde, die an mich glauben und sich auf mich verlassen, sondern auch mir selbst und Gott." Mehr oder weniger bewusst hat er den Glauben hinter dem Liebes-Thema versteckt – so geschickt, dass er Vivian damit beruhigen kann und dass Sam Phillips den Song unter seinem Label veröffentlicht, obwohl er doch eigentlich keine Gospels von Johnny Cash rausbringen will. „Sam wusste nichts davon, aber ‚I Walk the Line' war mein erster Gospelhit", wird Cash kurz vor seinem Tod in einem Interview sagen.

Als die Single „I Walk the Line" erscheint, ist Cash zunächst erbost. Sam Phillips hat eigenmächtig eine schnellere als Cashs balladenhaft ruhige Version veröffentlicht. Doch der Streit legt sich rasch: Zwei Wochen später schafft es der Song in die Country-Charts. Er setzt sich an die Spitze der Jukebox-Charts, dann steigt er auch in die Pop-Charts ein – zusammen mit Elvis Presleys „Hound Dog" und Carl Perkins' „Blue Suede Shoes". Dessen Text wurde von Johnny Cash inspiriert. Denn der hatte Perkins eine Anekdote aus seiner Soldatenzeit erzählt: Ein Vorgesetzter, der sich seine besten Sachen angezogen hatte, hatte Angst um seine blauen Wildlederschuhe und blaffte ihn an: „Don't step on my blue suede shoes!"

Johnny Cash wird zum Superstar, ahnt aber in seinen kühnsten Träumen nicht, dass „I Walk the Line" sich über zwei Millionen Mal verkaufen und er den Song bei keinem seiner Konzerte auslassen wird.

Von Auftritt zu Auftritt

Es läuft rund für Johnny Cash – und für Sam Phillips. Die Kassen klingeln. Zusätzlich zu den Plattenverkäufen laden immer mehr Konzertveranstalter Cash & The Tennessee Two ein. Weit über Arkansas hinaus werden Termine vereinbart. Sogar in der altehrwürdigen „Grand Ole Opry" gibt Cash sein Debut – in jener Radioshow, die seit Jahren an jedem Samstag in ganz Amerika im Radio zu hören ist und die John schon als Kind in Dyess gehört hat. All seine großen Country-Vorbilder sind hier bereits aufgetreten. Aufgezeichnet wird sie seit 1943 im Ryman Auditorium in Nashville, einer ehemaligen Kirche, in die 6000 Menschen passen. Als John am 7. Juli 1956 diese „Mutterkirche der Country-Music" betritt, trifft er auch die Carter-Family, die durch die Zeiten und in stets neuen Besetzungen zu den Stars der Country-Music gehört. Mit dabei: die 27-jährige June Carter mit ihrer Mutter Maybelle, die 1927 die Familienband mitgegründet hatte.

Schon als 18-Jähriger hatte John die Carter-Family während eines Schulausflugs hier gesehen. Er fand June damals bereits „großartig, wundervoll" und „verknallte" sich „total in sie, ernsthaft". Nun, sechs Jahre später, steht er ihr wieder gegenüber. „Du und ich, wir werden eines Tages heiraten", sagt er zu ihr. Johnny weiß, dass sie – wie er selbst – verheiratet ist. June lacht. „Wirklich?", fragt sie zurück. „Ja", antwortet Johnny. „Also gut, ich kann es kaum erwarten", mit diesem Satz beendet sie das Gespräch.

Der Lebensrhythmus der Familie Cash ändert sich. Während Vivian mit ihrer Tochter zu Hause ist, reist John mit seinen beiden Musikern unentwegt von Auftritt zu Auftritt. Mal spielen sie allein, mal touren sie mit Rock'n'Roll-Stars: Carl Perkins, Elvis Presley oder Jerry Lee Lewis. Dabei kommt es auch zu Streitigkeiten über den Glauben. Die werden meist von Jerry Lee Lewis angezettelt. Der Pianist und Sänger, drei Jahre jünger als Cash, stammt aus einer streng-evangelikalen Farmerfamilie. Er musste sich mit dem Vorwurf auseinandersetzen, Tanzmusik käme vom Teufel. Lewis war von einer Bibelschule geflogen und hatte mit „Whole Lotta Shakin' Goin' On" einen Rock'n'Roll-Hit gelandet. Sein Boogie-Spiel begeistert die Menschen. Zugleich aber befürchtet er, er würde sie damit geradewegs in die Hölle führen – und „genau da werde ich auch hinkommen, wenn ich weiterhin so ein Zeug singe, und ich weiß es". Carl Perkins widerspricht, woraufhin eine wilde Schlacht mit Bibelversen entbrennt. Cash versucht zu vermitteln. Sein Vorschlag: Nach den vermeintlich sündigen Songs könnten sie ja Gospels singen. „Nein, das ist keine Lösung!", protestiert Lewis, man könne Menschen nicht erst in die Hölle und dann in den Himmel führen.

Die Strecken zwischen den Auftrittsorten sind lang; mitunter müssen sie Hunderte Kilometer pro Tag zurücklegen. Das zehrt an der Seele und an den körperlichen Kräften. Im Sommer 1957 verrät der Geigenspieler Gordon Terry John hinter der Bühne das Geheimnis, das ihn zu Höchstleistungen bringt: eine Amphetaminpille. Cash probiert das Mittel selbst aus – und ist überzeugt. Was auch in der kleinen Tablette stecken mag, es verleiht Kraft und Wachheit, Glücksgefühle ohne Ende und ein Selbstbewusstsein auf der Bühne, das der schüchterne Johnny sich schon immer gewünscht hat.

Die Pillen sind nicht frei erhältlich; Cash lässt sie sich von verschiedenen Ärzten verschreiben. Er möchte auf die kleinen „Helfer" nicht mehr verzichten – und kann es auch nicht mehr. Cash ist abhängig geworden und bereits in den Teufelskreis der Sucht hineingerutscht. Zum Alkohol und zu den Zigaretten kommen nun noch die Tabletten, eine verheerende Kombination. Bald braucht er höhere Dosen des Aufputschmittels. Als er sich die Tabletten nicht mehr legal beschaffen kann, besorgt er sich Nachschub in Mexiko. In Juarez, der Nachbarstadt El Pablos im Süden der USA, gibt es die Pillen problemlos auf dem Schwarzmarkt. Johnny deckt sich ein und fliegt mit vollen Taschen zurück. Dort warten Vivian, Rosanne – und die 1956 geborene zweite Tochter Kathy. Zu Hause wirkt Cash wie ausgewechselt, ist liebevoller Familienvater und Ehemann. Vivian hegt keinen Verdacht. Sie ahnt weder, dass er ihr untreu werden könnte, noch dass er bereits in der Drogensucht steckt.

Geschichten über die Schuld und den Glauben

Mit dem Erfolg wachsen Johns Erwartungen – auch die an Sam Phillips. Der hat inzwischen auch andere Künstler auf den Weg gebracht: Jerry Lee Lewis und Roy Orbinson. Dass Cashs Singles bei „Sun Records" erscheinen, hat einen deutlichen Vorteil: Die Radiomoderatoren ordnen ihn nicht in die Schublade „Country" ein. Cashs Musik überschreitet die Grenze zwischen den Musikstilen; viele seiner Songs werden auch von Pop-Sendern gespielt und gefeiert. Von anderen Musikern erfährt Cash jedoch, dass es Labels gibt, die bessere Verträge mit höheren Erfolgsbeteiligungen anbieten. Zudem mag Sam Phillips ihm einen großen Wunsch nicht erfüllen: die Produktion eines Albums mit Gospelsongs. Es kommt zum Streit.

Gleichzeitig wirbt Columbia Records, eine der größten Plattenfirmen der USA mit Sitz in Nashville, um Cash. 1958 entscheidet er sich: Er kehrt „Sun Records" den Rücken und wird Columbia-Künstler. Die Firma freut sich, einen der ganz Großen des Musikbusiness begrüßen zu dürfen. Cashs Beliebtheit wächst. Die Hallen, in denen er auftritt, werden größer. Er hat viele Alleinstellungsmerkmale. Auf der Bühne ahmt er keine Rock-Sänger nach, sondern steht ruhig und ganz in Schwarz gekleidet da. Seine Stimme geht unter die Haut und wird als sexy empfunden. In seinem Blick liegt etwas Melancholisches und Tiefsinniges.

Außerdem vermag er es, Gefühle und Gemütszustände, die jeder kennt, in wunderbare kleine Song-Geschichten zu verpacken. Die Menschen, die er beschreibt, haben Besonderes erlebt – und spiegeln doch nur die Lebenserfahrungen vieler. Cash urteilt nicht, sondern beobachtet die Menschen mit weitem Herzen. Viele von ihnen haben trotz besten Willens Schuld auf sich geladen. Wie zum Beispiel jener nach zehn Jahren Haft entlassene Mann, der sich sterbenskrank auf den Weg nach Hause macht, um vor seinem Tod seine Frau und seinen Sohn noch einmal zu sehen. An einem Bahngleis bricht er zusammen und bittet darum, Cash möge seine Frau Rose aufsuchen und ihr sagen, dass er sie liebe. Dann drückt er ihm sein letztes Geld in die Hand, davon solle sie sich etwas Schönes kaufen. Die herzerweichende Ballade „Give My Love to Rose" wird zu einem der bekanntesten Cash-Lieder.

Auch die Geschichte des Farmerjungen Billy Joe in „Don't Take Your Guns to Town" lässt die Menschen mitfühlen. Den Jungen packt das Fernweh. Eines Tages gibt er der Sehnsucht nach, stylt sich und will das Elternhaus verlassen. Die Mutter weint und bittet ihn: „Nimm keine Waffen mit in die Stadt, Sohn!" Einige Details des Songs lassen vermuten, dass John darin auch seine eigenen Gefühle verarbeitet. Billy Joe sei ein Junge gewesen, „der es wirklich nicht böse meinte", heißt es da zum Beispiel. Der schicksalhafte Tod seines Bruders und die Vorwürfe seines Vaters beschäftigen John noch immer: Sollte er selbst etwa eine böse Seite haben, die sich auch durch all seine Bemühungen, ein gottgefälliges Leben zu führen, nicht besiegen lässt? Jedenfalls scheint ihm klar zu sein, dass es nicht immer leicht ist, die eigene dunkle Seite im Griff zu behalten. Und so argumentiert Billy Joe gegenüber seiner Mutter: Er sei ja erwachsen und würde nie ohne Grund schießen und jemandem wehtun. Mit der Waffe am Gürtel reitet er los. Doch die Geschichte endet dramatisch: In der Stadt geht Billy Joe in den Saloon, trinkt einen Schnaps und fühlt sich in der Männerwelt unbesiegbar. Jemand provoziert ihn, Billy Joe zieht seine Waffe – doch der Fremde ist schneller. Die Umstehenden wundern sich über Billy Joes letzte Worte: „Don't take your guns to town, son!"

„The Faboulus Johnny Cash" soll das erste Album bei Columbia heißen. Im Studio feilt John am Sound, weitere Musiker spielen mit.

Zwei fromme Songs schaffen es auf die Platte, mit dabei: „It was Jesus", eine Beschreibung der Wunder Jesu: Er heilte, erweckte Menschen vom Tod und sättigte mit fünf Broten und zwei Fischen 5000 Menschen. Dann wurde er ans Kreuz genagelt und starb – kehrte aber von den Toten zurück. „Wer war es?", fragt Cash im Refrain, der Gospelchor antwortet: „Es war Jesus!"

„Suppertime" ist der zweite fromme Song, der zudem ganz schön auf die Tränendrüsen drückt. Anfangs blickt der Sänger zurück auf glückliche Kindertage, in denen die Mutter im Sonnenuntergang zum Abendessen rief. Dann ist das Kind von damals erwachsen und hat die Mutter schon zu Grabe getragen. Nun erscheint ihr Gesicht in den Wolken, hellglänzend und „voll zärtlicher Liebe". Sie ruft wie damals zum Abendessen nach Hause – diesmal in die himmlische Heimat.

Irrwege und fromme Songs

Das Album erscheint 1958 und rückt schnell auf Platz 1 der Country-Charts. Cash bleibt unruhig. Er überredet Vivian, nach Hollywood zu ziehen. Für seine Karriere sei es besser, in der Medienmetropole zu leben. Gesagt, getan – doch Vivians Wunsch, er möge mehr zu Hause sein, kann er nicht erfüllen. Unentwegt geht er auf Tour, inzwischen auch im Ausland. Nach Deutschland nimmt er Vivian mit; er spielt in Frankfurt vor amerikanischen Soldaten, hat einen Auftritt in München – und besucht mit Vivian die Landsberger Air-Force-Kaserne. Endlich kann sie sehen, wovon er ihr drei Jahre lang schrieb: die Kaserne, den Kinosaal, den Angelplatz, den Baum, in den er ihrer beider Initialen geritzt hatte. Die Erinnerung an Zeiten der großen Verliebtheit schiebt die Probleme, die sich daheim in Hollywood türmen, jedoch nur kurz zur Seite.

Mag er auch Abend für Abend seinen „Treue-Song" „I Walk the Line" singen – einige Frauen bringen ihn dennoch in große Versuchung. Da gibt es zum Beispiel die

16-jährige Country-Sängerin Lorrie Collins, mit der er auf Tour ist. Er sei verrückt nach ihr, erzählt er einem Freund. Seine Gefühle kann er nur schwer verbergen, Gerüchte kursieren. Plötzlich gibt Cashs Manager Stu Carnall öffentlich bekannt, dass er, Carnall, und Lorrie heiraten würden. Die Überraschung ist groß. Einige fragen sich, ob der Manager Cash so vielleicht vor einem Skandal bewahren wollte. In ihrer 2003 erschienenen Autobiografie zeigt Vivian ein Foto, auf dem sie und Johnny und auch Lorrie und ihr Mann zu sehen sind, schreibt aber nichts zu dem Thema.

Je weiter Cash vom „geraden Weg" abkommt, desto größer wird sein Wunsch nach einem Gospel-Album. Es soll eine Zusammenstellung sein, die seine Mutter erfreut: eine Mischung aus den traditionellen Gospels, die sie schätzt, und neuen frommen Country-Songs. Den Song „I Call Him" schreibt John zusammen mit seinem Neffen Roy jr., dem Sohn seines ältesten Bruders. „Ich rufe ihn an, wenn ich Sorgen habe und wenn ich schwach bin – immer hilft er mir irgendwie durch die Probleme hindurch", heißt es darin voller Gottvertrauen.

In „The Old Account" erklärt Cash, es gebe „in den Büchern des Himmels" ein „altes Konto für noch unvergebene Sünden". Sein Name stehe darin „ganz oben". Doch dann wird auf einmal klar: Das Konto wurde längst beglichen, Jesus „hat alle Sünden weggewaschen".

Die Band nimmt elf Songs an einem Tag auf. Auch den traditionellen Spiritual „Swing Low, Sweet Chariot" singt Cash. Seine Stimme klingt sonor wie die eines Kirchgängers, doch schwingt auch die Unsicherheit eines Desperados darin mit, der erst noch einige Irrwege nehmen muss, bis er zu sich selbst findet.

Der Song „These Things Shall Pass", „Diese Dinge werden vorübergehen", lässt erahnen, dass es dabei einige innere und äußere Kämpfen auszufechten gilt: „Stahl ist hart, weil er den Hammer und die weiße Glut kennt!", singt Cash. Inmitten aller Schatten und Verzweiflung solle man nicht vergessen: „Der Herr, unser Gott, ist immer noch König auf dem Thron." Er werde dafür sorgen, dass das Leben wieder süßer werde. Ähnlichen Beistand verspricht auch der Song „God Will": „Gott wird mit mir auf den Straßen gehen, auf denen sonst niemand geht. Gott wird mit mir über Dinge sprechen, über die sonst niemand spricht."

„Hymns by Johnny Cash" heißt die LP. Auf dem Cover ist Cash im Anzug mit weißem Hemd und Westernschleife zu sehen. Er spielt eine Gibson-Gitarre und singt. Der Hintergrund wirkt wie ein abstraktes, farbiges Kirchenfenster. Entgegen der Einschätzung von Sam Phillips wird die LP ein Erfolg, sie steigt in die Top-20 auf. John ist glücklich.

Zu Hause versucht er weiterhin, ein fürsorglicher und liebevoller Familienvater zu sein. Schon wieder hat er ein größeres Haus gekauft. Er möchte, dass seine Töchter Baumwolle kennenlernen – so wie er früher. Also pflanzt er im Garten Baumwolle an. Außerdem kauft er einen Affen und einen Papagei, die gehören jetzt zur Familie.

Vivian macht sich dennoch Sorgen. John wird immer dünner und fahriger. Das merkt auch seine Band, mit der er mehr Zeit verbringt als mit seiner Familie. Auf der Bühne wirkt er, als stehe er neben sich. Manchmal albert er herum. Als er einen Auftritt verpasst, ist die Band sauer auf ihn.

Erfolg hinter Knastmauern

Doch einen Ort gibt es, an dem Cash richtig gerne auftritt: die Bühne von Gefängnissen. Die Insassen des texanischen Staatsgefängnisses in Huntsville waren begeistert vom „Folsom Prison Blues". Seit 1931 findet dort jedes Jahr der „Texas Prison Rodeo" statt, auf dem die Insassen unter Beifall des Publikums beim Reiten und Melken ihre Kräfte messen können. Zu dieser Veranstaltung ist Cash nun, 1957, eingeladen.

Spaß haben die Insassen sonst selten in diesem Gefängnis, das wegen seiner harten Bedingungen, vieler Hinrichtungen und spektakulärer Ausbrüche berühmtberüchtigt ist. Als Cash & The Tennessee Two mitten auf dem Rodeoplatz zu spielen beginnen, bricht ein heftiges Gewitter los. Der Regen setzt einen Verstärker und die Bassgitarre lahm; Cash muss unverstärkt weiterspielen. Die Gefangenen sind trotzdem begeistert.

Auch in anderen Gefängnissen spricht sich herum, dass Johnny Cash ein idealer Künstler für Auftritte hinter Knastmauern ist. Im selben Jahr lädt ihn das kalifornische Staatsgefängnis San Quentin zur alljährlichen Neujahrsshow ein. Also steht Cash am 1. Januar 1958 auch in diesem berüchtigten Gefängnis auf der Bühne. Die Inhaftierten lassen sich mitreißen. Sie spüren: Cash ist einer von ihnen – eine ehrliche Haut mit Abgründen. Da steht jemand vor ihnen, der die Liebe genießt und sich mit Alkohol und Drogen auskennt. Und womöglich erkennen sie auch: Johnny Cash trägt wie sie Schuldgefühle mit sich herum.

Im Publikum sitzt auch Merle Haggard. Der 20-jährige begeisterte Gitarrist ist wegen Einbruchs zu drei Jahren Haft verurteilt worden. Von Cashs Auftritt sei er begeistert gewesen, schreibt er später: „Er kam raus auf die Bühne und haute einfach alle um. Mit seiner Musik riss er die Mauern nieder, und seine Songs berührten uns. Eine Weile lang gelang ihm das Unmögliche. An die Stelle unseres Unglücks trat die Musik. Er ließ uns vergessen, wo wir uns befanden."

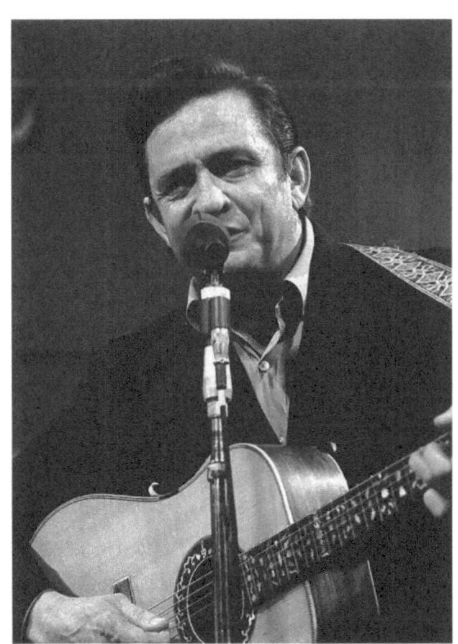

Cash beim legendären Konzert in San Quentin

Das Vergessen klappt bei Johnny Cash selbst inzwischen allerdings nicht mehr so gut. Ständig schluckt er Pillen, die ihm immer weniger der erhofften Erleichterung verschaffen. Inzwischen sind es 20 Stück pro Tag. Nur so übersteht er die langen Autofahrten zwischen den Auftrittsorten. Auf der Bühne fühlt er sich gut. Danach kommt die gähnende Leere. Die Amphetamine beeinträchtigen inzwischen seine Stimme. Eine chronische Kehlkopfentzündung macht sie brüchig. Studioaufnahmen müssen verlegt werden. Der Alkohol tut ein Übriges, um Cash ins Delirium zu befördern. Er baut Autounfälle, einige lösen Brände aus, andere bringen ihn ins Krankenhaus.

Neue Schuldgefühle

Verstanden fühlt Cash sich von seinem „besten Freund" John Horton. Der Musiker ist nicht so erfolgreich wie er, kennt aber das Musikbusiness mit seinen Verlockungen und Fallstricken. Auch ist er sehr an Glaubensfragen interessiert und steht Cashs Meinung nach „in ständigem Kontakt zu Gott". Einst wollte er Methodistenpfarrer werden, doch das Leben machte ihn zum Musiker. 1952 hatte er den Country-Urvater Hank Williams kennengelernt. Als der im Jahr darauf starb, kam Horton dessen Witwe Billie Jean näher. Die beiden wurden ein Paar.

Cash schätzt sie beide und erfüllt seinem Freund John einen sehr persönlichen Wunsch: Sollte ihm etwas zustoßen, solle Cash sich um Billie Jean kümmern. Doch seine Zusage beruht nicht nur auf freundschaftlichen Gefühlen. Hinter Hortons Rücken haben er und Billie Jean bereits eine Affäre begonnen.

In der Nacht des 5. November 1960 erfährt Cash, dass John Horton bei einem Verkehrsunfall ums Leben gekommen ist. Cash, noch betrunken vom Vorabend, ist am Boden zerstört. Die Trauer um seinen Freund lässt ihn verzweifeln. Die Reaktion sei deshalb so heftig ausgefallen, weil der Tod seines Freundes ihn an den Tod seines Bruders Jack erinnert habe, meint Vivian später. „Das ganze Grauen" dieser Zeit sei plötzlich wieder hochgekommen.

Auch nach diesem Verlust plagen John Schuldgefühle: Tagelang hatte er die Anrufe seines Freundes nicht angenommen, um unbequemen Fragen nach seinem Verhältnis zu Billie zu entgehen. Und das, obwohl er von Hortons Vorahnung wusste, ihm stünde ein schwerer Unfall bevor. Deshalb hatte Horton eigentlich auch einen Auftritt in Austin absagen wollen – in der Halle, in der Hank Williams sein letztes Konzert gegeben hatte, bevor er an einem Herzinfarkt starb. Der Auftritt ließ sich jedoch nicht mehr absagen. Und auf der Fahrt von Austin nach Hause geschah der tödliche Unfall. Hätte Cash ihn verhindern können, wenn er mit John gesprochen hätte?

Diese Gedanken werfen ihn nieder – andere dagegen beflügeln ihn. Das Versprechen, das er John gab, muss – und will – er nun einlösen! Er fliegt nach Shreveport zu Billie. Die Beerdigung muss organisiert werden. Über aller Trauer schwebt die Liebe zwischen den beiden. John drängt sie, ihn zu heiraten. Sie überlegt – und lässt ihren Kopf statt ihr Herz die Entscheidung treffen: Sie möchte Johns Familie nicht zerstören. Sein Drogenproblem ist ein weiterer Grund dafür, dass sie sich keine gemeinsame Zukunft vorstellen kann.

Cash fügt sich – und möchte mit Vivian und den gemeinsamen Töchtern neu anfangen. Im Juli 1959 war Cindy geboren, und bald gibt es wieder einen freudigen Anlass: Tara, die vierte Tochter, kommt am 24. August 1961 zur Welt. Johnny kauft erneut ein Haus, diesmal in Casitas Springs, einem kleinen Ort nordwestlich von Los Angeles. In der Nähe betreiben seine Eltern einen kleinen Wohnwagenpark, den er ihnen gekauft hat. Cashs Hoffnung: Hier in der Abgeschiedenheit, ohne Rummel, könnte die Großfamilie Frieden finden. Doch dort fühlt sich Vivian noch einsamer als sowieso schon. Johnny fährt weiter von Auftritt zu Auftritt. Er trinkt und schluckt seine Pillen. Im November wird er wegen Trunkenheit am Steuer festgenommen. Vivian ist mit den vier Kindern, mit ihren Sorgen und ihrer Eifersucht allein.

Und die Eifersucht bleibt durchaus begründet. Im Dezember trifft Cash bei einem Konzert in Dallas June Carter wieder. Am kommenden Tag sind sie für einen gemeinsamen Auftritt in Oklahoma gebucht.

Die temperamentvolle June, inzwischen zum zweiten Mal verheiratet, fragt, ob sie mit Cash und seiner Band im Auto mitfahren kann. Cash willigt ein. Es wird eng. Sie solle bitte auf seinem Schoß sitzen.

4

Gott in der Höhle

Was Gospels im Gefängnis bewirken

„Kein Gesetz, sondern Liebe; keine Gier, sondern Christus!"

Das Motto der „Avenue Community Church" im kalifornischen Küstenstädtchen Ventura spricht Cash an. Die Kirche ist nur zehn Kilometer vom neuen Heim in Casitas Springs entfernt. Pastor Floyd Gressett hat die prominente Familie dort mit einem Blumenstrauß willkommen geheißen. Damit hat er Johns Vertrauen gewonnen. Während Vivian mit den Töchtern am Sonntag die katholische Messe besucht, zieht es John oft in den Gottesdienst der kleinen konfessionslosen Kirche. Reverend Gressett war einige Jahre lang Gefängnispfarrer. Schnell erkennt er Cashs Drogenproblem. Er bekommt mit, dass John manchmal tagelang in der Wildnis unterwegs ist und dort seine Drogenräusche ausschläft. Gressett verurteilt ihn nicht und kann so den Kontakt halten. Mehr noch: Er verbringt ganze Tage mit Cash auf einer kleinen Ranch, 140 Kilometer entfernt.

Der Pastor bemerkt auch, wie eng sich Cash June annähert – und wie sehr er seine Frau Vivian hinters Licht führt. Die findet trotzdem immer mehr Indizien dafür, dass zwischen John und June mehr ist als nur Freundschaft. Die beiden sind lange miteinander unterwegs, stehen oft gemeinsam auf der Bühne. Ungereimtheiten häufen sich. Da geht es zum Beispiel um die Entstehung des Songs „Ring of Fire", der Cash 1963 nach erfolglosen Jahren wieder an die Spitze der Charts bringt. Er habe ihn selbst geschrieben, erzählt John Vivian bei der Gartenarbeit, aber er wolle June die Hälfte der Einnahmen abgeben, da sie in Geldnot sei. Vivian ist außer sich. Erst recht, als June später behauptet, sie selbst habe den Song zusammen mit ihrer Mitmusikerin geschrieben. Die Verwirrung ist perfekt, als Cash später öffentlich erzählt, June und Merle Kilgord seien die Komponistinnen des Songs. In ihrer Autobiografie wird Vivian später entrüstet dagegenhalten: „Die Wahrheit ist, dass Johnny diesen Song über ein bestimmtes intimes weibliches Körperteil geschrieben hat, als er betrunken war und sich volllaufen ließ." An June gerichtet, fährt Vivian fort: „All die Jahre, in denen sie behauptete, den Song selbst geschrieben zu haben, wusste sie wahrscheinlich nie, worum es in dem Lied wirklich ging."

Vivian ist verzweifelt. Das Zerbrechen ihrer einst so leidenschaftlichen Liebe und der desolate körperliche wie seelische Zustand ihres Mannes, der immer mehr wie ein Junkie aussieht, sind schmerzhaft. Eines Tages ruft sie John in schlimmer Ahnung an. Im Hintergrund hört sie Geschirr klappern. „I love you", sagt er ihr am Telefon – und kurz darauf hört Vivian Geschirr zerspringen. John sei tatsächlich bei June gewesen, bestätigt Reverend Gressett der verzweifelten Vivian kurz darauf. Sie schäumt vor Wut. Da stellt sich diese June Carter als gottesfürchtige Christin dar – und nimmt ihr ihren Ehemann weg?! Sie ist eine noch größere Heuchlerin als der Pastor, der Johns Ehebruch offensichtlich nicht verurteilt, sondern ihm trotz des sündigen Verhaltens zur Seite steht. Alte Vorurteile gegenüber Protestanten scheinen sich zu bestätigen.

Einmal stellt sie den Pastor zur Rede. „Wo ich herkomme, nennt man solche Leute wie dich doppelzüngige Heuchler“, sagt sie ihm ins Gesicht: „Sonntags predigst du von der Kanzel und den Rest der Woche lungerst du mit Johnny herum!“ Ihre Geduld mit der Unehrlichkeit des Pastors und mit Johns ständigem Alkohol- und Drogenkonsum ist am Ende. Die letzte Gewissheit bekommt sie in ihrem eigenen Schlafzimmer: John sitzt im Drogenrausch auf dem Bett und hat, wie so oft, Halluzinationen – er spricht mit June und deren Tochter. Für Vivian ist das Fass voll. Sie kann und will seine Eskapaden und Lügen nicht mehr ertragen. Sie beantragt die Scheidung.

Höhlenwunder

Auch gegenüber seiner Herkunftsfamilie kann John die Fassade nicht mehr aufrechterhalten. Zum 23. Todestag seines Bruders Jack will er zu seinen Eltern fliegen, doch er ist so vollgepumpt mit Drogen, dass der Pilot sich weigert, ihn an Bord zu lassen. Am nächsten Tag ist er zwar noch benommen, darf aber mit. Am Flughafen in Nashville erwartet ihn sein Bruder Tommy. Der merkt schon seit Langem: John wird „paranoid und zornig“, auch ungerecht gegenüber anderen. „Du hast Mama und Papa zu Tode erschreckt, du bist high und nicht klar bei Sinnen!", schreit er John an. John schlägt seinem Bruder mit der Faust ins Gesicht. Tommy geht zu Boden und muss sich erst mal wieder aufrappeln. Vater Ray geht dazwischen: „Jungs, ihr solltet euch vor eurer Mutter nicht schlagen."

John ist am Tiefpunkt. Schuldgefühle martern ihn: Eigentlich wollte er den rechten Weg seines verstorbenen Bruders weitergehen, wollte sogar Pfarrer werden. Er wollte ein guter Ehemann und Vater sein – doch nun steht er vor dem Trümmerhaufen seines Lebens. Das kann er nur mit noch mehr Drogen aushalten. Händevoll Amphetamine schluckt er täglich, dazu Beruhigungsmittel gegen das Zittern. Er sieht aus „wie ein wandelnder Toter" und fühlt sich wie die „jämmerlichste Gestalt auf Erden".

Im Oktober 1967 will er seinem Leben ein Ende setzen. „Ich hatte mein Leben zerstört. Ich hatte mich so weit von Gott und allem anderen entfernt, was meinem Leben Halt gab, dass ich keine Hoffnung mehr für mich sah", blickt er in seiner zweiten Autobiografie auf diesen Tag zurück. Die Nickajack-Höhle am Tennessee-River wählt er für seinen Plan aus. Aus diesem weitverzweigten Höhlensystem hatten schon viele Abenteurer nicht mehr herausgefunden. Wenn er nur weit genug hineinkriechen würde, denkt er sich, käme er nicht mehr hinaus, und niemand würde seine Überreste finden.

John setzt seinen Plan um. Nach zwei oder drei Stunden in der Höhle sind die Batterien seiner Taschenlampe leer. Nun herrscht völlige Finsternis. Er fühlt sich einsam und gottverlassen wie nie zuvor. Doch statt des Todes durchdringt ihn auf einmal „etwas ungeheuer Kraftvolles",

„ein Gefühl vollkommenen Friedens, vollkommener Klarheit und Nüchternheit". Gott ist gar nicht fern, sondern nah. John betet und erkennt: Er selbst kann den Zeitpunkt seines Todes nicht bestimmen: „Ich würde sterben, wann Gott es für richtig hielt, nicht wann ich es wollte!" Er beginnt, sich zu bewegen, kriecht in die Dunkelheit. Dann spürt er einen leichten Windhauch, dem folgt er. Schließlich schimmert Licht in der Ferne auf, er findet den Ausgang. Dort stehen June und ihre Mutter. June hatte geahnt, dass er hierher gehen würde, von der Höhle hatte er ihr schon erzählt.

Auf der Rückfahrt erklärt Cash June und Mutter Maybelle: Gott habe ihn davor bewahrt, Selbstmord zu begehen. Nun sei für ihn der Zeitpunkt gekommen, den Drogen zu entsagen – endgültig. Dafür werde er alles tun.

Am Hickory-See in Hendersonville, einem Ort nördlich von Memphis, hatte John kurz zuvor ein Anwesen gekauft. Dorthin zieht er sich mit June und ihren Eltern zurück. June sorgt für ärztliche Betreuung, ein Psychiater kommt jeden Tag vorbei und begleitet den Entzug. Cash durchlebt harte Tage. Krämpfe und Albträume rauben ihm den Schlaf und die Lebenskraft. Nach einigen Wochen hat er den Entzug überstanden. Dank der Ruhe und der guten Verpflegung durch June und ihre Mutter hat er 15 Kilo zugenommen und sieht wieder gestärkt aus.

Er gibt ein Benefizkonzert in seinem neuen Heimatort. Zum ersten Mal seit einem Jahrzehnt geht er nüchtern auf eine Bühne. Er fühlt sich gut, viel besser als befürchtet. Seine Lebensgeister kehren zurück.

Größere Auftritte folgen. Seine Band freut sich über Cashs guten Zustand; auch seine Stimme klingt wieder voller. Kurz vor Weihnachten erfährt er, dass die Scheidung von Vivian rechtskräftig ist. Eigentlich könnte er froh sein, dass die Zeit der Uneindeutigkeit und des Lügens vorbei und dass er nun wirklich frei für die Liebe zu June ist. Doch er fühlt sich schlecht. „Das ist der schlimmste Tag meines Lebens", gesteht er einem Kollegen. Und er sucht erneut Trost bei den Pillen.

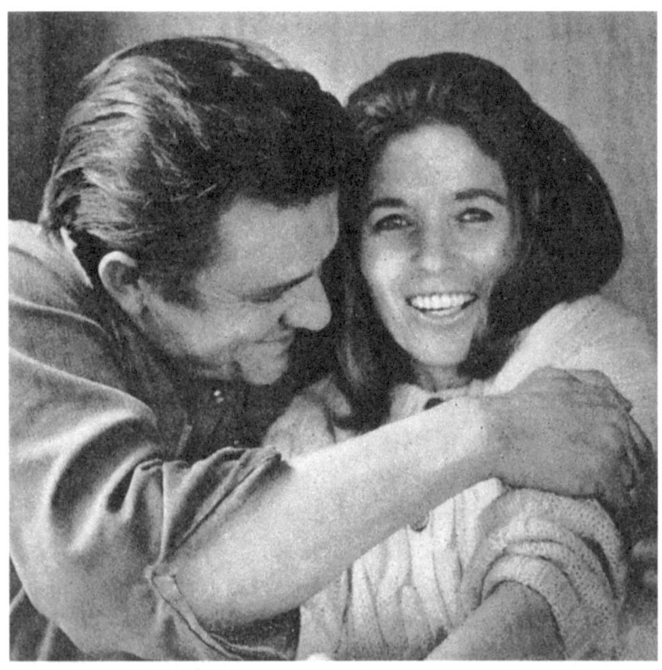

Johnny Cash und June Carter, 1969

Freiheit als Glaubenserfahrung

Kraftquelle bleiben für Cash die Auftritte in Gefängnissen. 1966 war er schon einmal im kalifornischen Folsom State Prison aufgetreten. Für den 13. Januar 1968 ist das nächste Konzert angesetzt. Diesmal soll es sogar mitgeschnitten und dann als Live-Platte veröffentlicht werden. Die Öffentlichkeit soll auf diese Weise die Atmosphäre im Gefängnis spüren. Cash hofft, die Menschen so auch auf die desolate Situation im US-amerikanischen Strafvollzug aufmerksam machen zu können: Straftäter, so nicht nur seine Einschätzung, werden dort nicht etwa auf den rechten Pfad gebracht, sondern finden sich in einem System wieder, in dem sie Gewalt von anderen Häftlingen oder auch von Wärtern erleiden müssen. Häftlinge werden hier nicht zu einem verantwortungsvolleren Umgang mit anderen angeleitet, sondern die Haftbedingungen führen zu noch mehr Gewalt und heizen die kriminelle Energie an. Die Problematik ist Cash bewusst, seit er als Soldat in Landsberg den Spielfilm über eine gescheiterte Gefängnisreform im Folsom State Prison auf der Kinoleinwand miterlebt hat. Reformen in den Gefängnissen könnten seiner Meinung nach die Not wenden. Über seinen Freund Reverend Floyd Gressett aus Ventura hat er neuen Kontakt in die Anstalt gesucht, und die Kulturabteilung hat zugestimmt.

Einige Tage vor dem Konzert übergibt der Pastor Cash ein Tonband. Glen Sherley, ein Häftling, hat einen Song aufgenommen und will unbedingt, dass Cash ihn kennenlernt. Als John den Song hört, ist er begeistert. Dieser Country-Gospel verkündigt genau die gute christliche

Botschaft, die auch er Gefängnisinsassen vermitteln möchte: Mag auch der Körper im Folsom Prison eingekerkert sein – die Seele ist von Gott, dem Herrn, befreit. Sherley soll den Song in der hundert Jahre alten Gefängniskapelle, der „Greystone Chapel", geschrieben haben; die Kapelle sei ein „Haus der Anbetung in dieser Höhle der Sünde", heißt es im Songtext. Gott habe die Seelen „vieler verlorener Menschen" gerettet. Zwar gebe es im Gefängnis „Männer, die niemals anbeten", und andere, die „spotten über diejenigen, die beten", Sherley selbst aber sei „in der Greystone-Kapelle auf die Knie gegangen" und habe dem Herrn gedankt. Dort habe Gott ihm die Kraft gegeben, „weiterzumachen".

Dieser Song macht deutlich: Jeder Sünder hat die Gelegenheit, Gott zu begegnen, sogar wenn er im tiefsten Kerker, im gewalttätigsten Gefängnis der Welt sein Dasein fristet. Freiheit hat nicht unbedingt etwas mit körperlicher Freiheit zu tun. Freiheit ist eine Glaubenserfahrung. Und die ist auch im Gefängnis möglich – wie in allen anderen Lebenssituationen, in denen man sich gefangen fühlt inmitten äußerer Umstände, in Zwängen und inneren Abhängigkeiten.

At Folsom

Auf dem Weg ins Folsom Prison herrscht eine gedrückte Stimmung. Fotograf Jim Marshall begleitet die Cash-Entourage. In seiner fotografischen Dokumentation des Besuchs gelingt es ihm, die Atmosphäre vor und im Gefängnis einzufangen. Cash trägt einen schwarzen Anzug mit Weste und weißem Hemd, hinter ihm der charakteristische kleine Turm am Gefängnistor. Er wird begleitet von den Musikern: den „Statler Brothers", den „Tennessee Two" und Carl Perkins. An seiner Seite sind außerdem June Carter und Pastor Floyd Gressett, daneben das Aufnahmeteam. Auch sein Vater Ray ist dabei. Einst hatte er gegen J. R.s Traum von einer Musikkarriere gewettert – nun soll er miterleben, wie sinnvoll Johnnys Beruf ist. Bevor sie durch die Sicherheitsschleuse gehen, müssen sie eine Erklärung unterschreiben: Sie wissen, wenn sie in Geiselhaft geraten oder etwas anderes passiert, wird die Gefängnisleitung nicht für sie verhandeln. Probleme werden zwar nicht befürchtet, dennoch sichern schwerbewaffnete Beamte die Besuchergruppe.

Fotograf Marshall wundert sich: Es gibt keine Einschränkungen, er hat alle Freiheiten, niemand pfeift ihn zurück, auch keine Sicherheitskräfte. Die Atmosphäre knistert, alle sind hoch angespannt. 1000 Inhaftierte haben sich im Frühstückssaal versammelt. Sie wissen: Gleich steht ein Musiker vor ihnen, der sie in ihren Sorgen und in ihrem Lebensgefühl versteht; jemand, der Menschen nicht richtet, sondern ihnen nahekommen möchte; jemand, der die Sehnsucht nach Freiheit selbst kennt und in coole Country-Songs verpackt.

Um 9.40 Uhr betritt Carl Perkins die Bühne und heizt mit dem Rock'n'Roll-Song „Blue Suede Shoes" die Stimmung an. „Welcome Johnny Cash" steht groß auf dem Bühnenpodest. Kaltes Neonlicht bescheint das Publikum. Aus der Wand ragt ein vergitterter Balkon, von dem aus bewaffnete Wärter das Geschehen beobachten. Die steinernen Fensteraussparungen wirken mit ihren runden Formen ein bisschen wie Kirchenfenster. Die „Statler

Brothers" bestreiten den zweiten Programmpunkt. Nach ihrem Song betritt der „Man in Black" die Bühne und stellt sich vor: „Hello, I'm Johnny Cash".

Mit dem „Folsom Prison Blues" eröffnet er sein Programm – mit jenem Song also, den er selbst in einer Situation des Gefangenseins geschrieben hatte: 1955, als er Tag für Tag acht Stunden und länger in einem geschlossenen Raum Morsesignale abhören und entschlüsseln musste – so lange, bis er zusammenbrach. Der Song öffnet die Herzen des besonderen Publikums. Alle kennen ihn, viele singen mit. Die Songauswahl ist wohlbedacht. Mit „Dark as the Dungeon" folgt ein Lied, in dem Cash die harte Arbeit in einem Kohlenbergwerk beschreibt, wo es „dunkel wie im Kerker" ist. Die Inhaftierten kennen das Gefühl. Gebannt hängen sie an Cashs Lippen.

Dann begrüßt Cash das Publikum, erzählt, dass die Show für Columbia Records aufgenommen werde und dass niemand Wörter wie „verdammt" oder „Scheiße" sagen dürfe. Mit einem Blick zum Produzenten Bob Johnston sagt er: „Ist das richtig, Bob?" Dieser kurze Schlenker wirkt wie das Verhalten eines Häftlings, der seinem Wärter sagt, er kenne die Regeln, die er im selben Moment bricht. „Wahrscheinlich schneiden sie das Wort raus", sagt Cash in die Anfangstöne des nächsten Songs hinein. (Er wird recht behalten: Auf der Langspielplatte werden die unanständigen Worte überpiept.) „I Still Miss Someone", das folgende Lied, schildert hochemotional die Sehnsucht nach einem geliebten Menschen. Auch dieses Gefühl kennt jeder im Raum.

Cash holt June auf die Bühne. Sie ist ebenfalls ganz in Schwarz gekleidet, nur ein kleiner weißer Blusenkragen umschließt züchtig den Hals. Die beide stimmen „Jackson" an – einen temperamentvollen Country-Song, der von einem Ehepaar handelt, dessen anfängliche Liebesglut erloschen ist. Der Mann will in die Stadt Jackson fahren und sich dort mit vielen Frauen austoben. Die Frau nimmt den Wunsch ihres Mannes mit viel Humor. Er werde in Jackson nichts erreichen, außer dass er seiner Gesundheit schade, erwidert sie. Die Leute würden ihn für einen Narren halten. Und auch sie werde in Jackson auf ihn warten und sich über ihn lustig machen. Das Publikum ist begeistert davon, wie selbstbewusst June ihren Part singt. Und Johns Umgang mit der Peinlichkeit der männlichen Selbstüberschätzung lässt die Männer ahnen: Der Mann auf der Bühne, Johnny Cash, ist eigentlich einer von ihnen. Er hat ein Herz für sie, er redet sie nicht von oben herab an, sondern spricht auf Augenhöhe mit ihnen. Wie sie kennt er Enttäuschung, Unfreiheit, Sehnsucht und Angst. Es entsteht eine einmalig intensive Konzertatmosphäre.

Außerdem spüren sie: Johnny Cash kennt innere Abgründe; er weiß, was Menschen dazu verleitet, anderen Gewalt anzutun – sonst könnte er kaum so ehrliche Songgeschichten über Outlaws, Gesetzlose und andere tragische Gestalten singen. Wie etwa in „Long Black Veil", der Geschichte eines Mannes, der fälschlicherweise des Mordes beschuldigt wird. Zur Tatzeit war er jedoch mit der Frau seines Freundes zusammen, was er auch zum Preis seines Lebens geheim halten will. Oder wenn Cash im Song „I Got Stripes" den Gefangenen besingt, der von seiner Mutter eine Feile in den Knast hineingeschmuggelt bekommt, entdeckt wird und dafür bei Wasser und Brot in eine Einzelzelle im Keller kommt. Auch der verzweifelte

Häftling in „The Wall", der versucht, die unüberwindbare Gefängnismauer zu bezwingen und dabei stirbt, ist ihnen nahe. War es wirklich ein Ausbruchversuch, den er da beging – oder war es Selbstmord? Und dann ist da noch die herzerweichende Geschichte über einen Häftling, dessen Bruder freigelassen wurde; dieser möge doch bitte ein Bild der Mutter in den Knast schicken und den Pastor bitten, am Sonntag für ihn zu beten („Send a Picture of Mother").

Am Ende des Konzerts zieht Cash den Joker: „Der nächste Song stammt von einem Mann, der hier in Folsom Prison einsitzt", erzählt er: „Gestern Abend habe ich ihn zum ersten Mal gesungen", verkündet Cash dem erstaunten Publikum: „Kann sein, dass wir ihn heute noch ein wenig unsauber spielen. [...] Er stammt aus der Feder unseres Freundes Glen Sherley." Die Männer reagieren mit Jubel. „Ich hoffe, wir werden deinem Song gerecht, Glen", sagt Cash und blickt in die erste Reihe, wo Glen Sherley sitzt und sein Glück kaum fassen kann: Der große Johnny Cash, sein Idol seit Jahren, spielt sein Lied! Im Schlussapplaus reicht Cash Sherley von der Bühne aus die Hand.

Pastor Gressett bringt den Häftling anschließend zu Cash in den Backstage-Bereich. Noch einmal schütteln sich die beiden die Hände. Cash will wissen, warum der 32-Jährige einsitzt. Sherley erzählt ihm seine Geschichte: dass seine Eltern auch Baumwollfarmer waren; dass er Country-Musik liebt, viele Songs geschrieben und bereits einige Auftritte hatte. Dann aber sei er auf die schiefe Bahn geraten und sitze schon zum wiederholten Mal in Haft – diesmal wegen eines bewaffneten Raubüberfalls. Das Gerichtsurteil: lebenslänglich mit Bewährung. Cash verspricht Sherley, mit ihm in Verbindung zu bleiben.

Der zweite Auftritt folgt um 12.40 Uhr. Einige Songs müssen noch einmal aufgenommen werden, sicher ist sicher. Cash und seine Entourage verlassen Folsom Prison erschöpft – und glücklich.

Licht und Schatten

Der Glückstaumel hat allerdings einen bitteren Beigeschmack. Cash verhält sich seltsam, auch auf der Bühne. Allen ist nun klar: Der Entzug zwei Monate zuvor hat keinen lang anhaltenden Erfolg gehabt. John schluckt wieder Pillen. Und so sind auch die Glücksgefühle mit einem Schatten belegt, die June am 22. Februar 1968 auf der Bühne während eines Konzerts überkommen: Öffentlich macht John ihr einen Heiratsantrag. Eine Woche später heiraten sie in der methodistischen Kirche in Franklin, Kentucky. Nach vielen Wirren und den Scheidungen sind beide endlich auch offiziell ein Paar, und June Carter ist nun „Mrs. Johnny Cash". Sie beziehen Johns Haus in Hendersonville am Hickory-See. Im Mai nehmen sie sich Zeit für den Honeymoon: Sie fliegen nach Israel. Die biblischen Stätten zu bereisen, ist schon lange Johns Traum.

In Nashville machen sich derweil Produzent und Techniker an die Arbeit. Sie hören das Material vom Folsom-Prison-Konzert ab, suchen die besten Aufnahmen, entscheiden, welche Ansagen mit auf die Platte sollen. Und sie mischen Publikumsreaktionen in die Songs – womit sie die Hörer etwas hinters Licht führen, denn tatsächlich mussten sich die Häftlinge während des Konzertes sehr zurückhalten. Die Gefängnisleitung wollte Unruhe vermeiden. Doch die Studiotechniker ordnen die wenigen Reaktionen, die sich auf den Bändern befinden, klug zu.

Das Ergebnis ist beeindruckend. Die Langspielplatte mit 16 Songs erscheint im Juni 1968. „Johnny Cash at Folsom" lautet der unspektakuläre Titel. Auf dem Cover ein Foto von Cashs Gesicht in Großaufnahme. Auf der Rückseite ein handschriftlicher Brief von Cash an einen Gefangenen. In kurzen Sätzen schildert John die hoffnungslose Situation im Knast. Er könne sie nachempfinden, schreibt er, denn „ich saß ein paar Mal hinter Gittern. Manchmal freiwillig, manchmal unfreiwillig". Auch wenn er damit ziemlich übertreibt, betont er so noch einmal, was beim Hören schon ohne Erklärung deutlich wird: Der Musiker und die Häftlinge schöpfen aus demselben Pool an Erfahrungen.

Cash war bisher allerdings nur wegen vergleichsweise kleiner Vergehen und nur für jeweils eine Nacht festgenommen worden. Diese Nächte verbrachte er in den Ausnüchterungszellen von Polizeistationen. Einmal, in der Grenzstadt El Paso, hatte die Polizei Fotos von ihm gemacht, die den Weg in die Presse fanden. Das war peinlich, festigte aber sein Image, selbst zu den Gesetzlosen zu gehören. „Häftlinge sind das großartigste Publikum, das sich ein Unterhaltungskünstler vorstellen kann", schreibt Cash weiter, „wir bringen ihnen einen Sonnenstrahl in den dunklen Kerker. Und sie scheuen sich nicht, mit Wertschätzung zu antworten."

Die ungewöhnliche Veröffentlichung schlägt zunächst in der Underground-Musikszene hohe Wellen. Dann steigt sie in die Country-Charts ein, drei Wochen lang belegt sie Platz eins. In den Pop-Hitlisten rückt sie bis auf

Platz 13 hoch und zeigt damit erneut: Johnny Cash lässt sich nicht auf das Genre „Country" festlegen. Seine Musik sprengt die künstlichen Grenzen der Musiksparten.

Die Musikpresse ist des Lobes voll. „Cashs Stimme ist so heiser und rau wie immer, quillt aber über vor jener Art von Emotionalität, wie man sie im Rock nur selten findet", schreibt der Rezensent der „Village Voice". Das Magazin „TIME" nennt das Album „ein angemessenes Symbol für die zunehmende Befruchtung der amerikanischen Popmusik durch Countryklänge. [...] Der 36-jährige Cash, ein hagerer und tough aussehender Mann, singt mit felsenfester Überzeugung und sarkastischem Witz von Trauer, Schmerz, Einsamkeit und Unglück".

Der „Rolling Stone", die einflussreichste Musikzeitschrift, sieht in Cashs Musik eine Brücke zwischen Country und Rock'n'Roll und hebt ihn auf ein Level mit Elvis Presley und Bob Dylan. Damit erhält Cash den Ritterschlag der Rock-Musik – was ihm viele neue Fans und Käufer abseits der Country-Szene beschert.

Im Oktober sind bereits 500.000 LPs verkauft. Das Album wird ein Longseller, 50 Jahre später wird es sich sechs Millionen Mal verkauft haben und seinen Platz unter den weltbesten Musikalben noch immer behaupten.

Cash plant ein weiteres Gefängnis-Konzert, diesmal soll es auch auf Video aufgenommen werden. Am 24. Februar 1969 betritt er die provisorische Bühne im San Quentin State Prison. Sein besonderes Mitbringsel: ein neuer Song. „San Quentin", geschrieben eigens für diesen Knast. „San Quentin, mögest du verrotten und in der Hölle schmoren", singt Cash. Das klingt wie ein Fluch. Dann versetzt er sich in einen Häftling: „Du verbiegst mein Herz und meine Seele. Mögen deine Mauern fallen", damit die Menschheit bereut, „dass du nichts Gutes getan hast". Nach dem Song ertönt frenetischer Applaus. Auch hier funktioniert es: Die Zuschauer sehen Cash als einen der Ihren an. Er spricht aus, was ihnen in der Seele brennt.

Dazu gehört auch der Glaube. Bei den beiden Gospel-Country-Songs, die Cash singt, geht das Publikum sichtlich ergriffen mit. „Ich bin so müde und erschöpft", beginnt der Song „Peace in the Valley", „aber ich muss allein weitergehen, bis der Herr kommt und mich ruft!" Dann beschreibt er mit den wunderschönen Visionen des biblischen Propheten Jesaja das himmlische Friedensreich, in dem Wolf und Lamm friedlich beieinander liegen und die wilden Tiere sogar Säuglingen nichts antun. Und so bittet der Sänger darum, einst auch einen sicheren Platz in diesem Tal zu bekommen.

Der zweite Gospelsong ist einfach und hört sich an wie ein Spiritual: „He Turned the Water into Wine". Bevor er ihn singt, erzählt Cash die Geschichte seiner Entstehung. Bei ihrer Reise nach Israel hatten June und er die Wirkungsstätten Jesu besucht: Nazareth, Tiberias, Jerusalem und auch Kana, jenen Ort, an dem Jesus bei einer Hochzeitsfeier Wasser zu Wein verwandelt haben soll, nachzulesen im 2. Kapitel des Johannesevangeliums. An jener Quelle in Kana stand Cash und erinnerte sich „tief beeindruckt" an dieses erste Wunder Jesu. Auf der Rückfahrt im Auto schrieb er binnen weniger Minuten den Song: „He Turned the Water into Wine" – „Er verwandelte Wasser in Wein", in dem er auch weitere Wunder Jesu erwähnt: wie er auf dem See von Genezareth wandelte, den

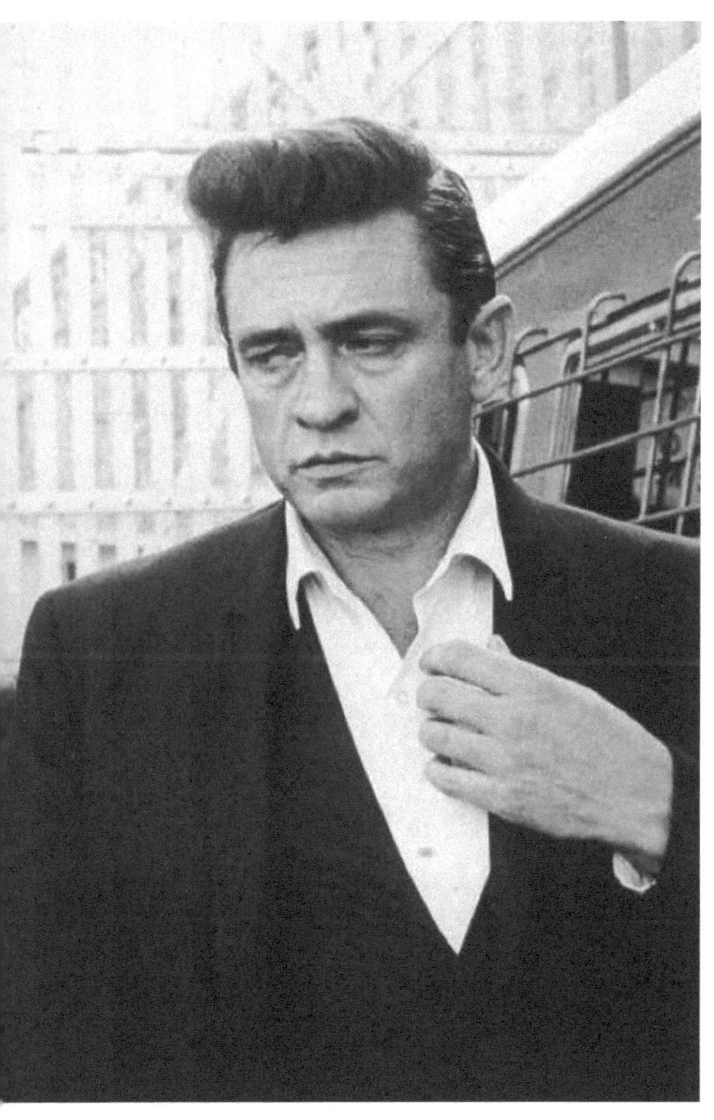

1970

Sturm stillte, Aussätzige heilte und 5000 Hungrige mit Fisch und Brot speiste.

Das Album „Johnny Cash at San Quentin" wird noch erfolgreicher als sein Vorgänger aus Folsom; es belegt auch in den allgemeinen Charts Platz 1.

Mit den Erfolgen der beiden Alben wächst das Interesse der Medien. Der Fernsehsender ABC bietet Cash eine eigene TV-Show an – wöchentlich eine Stunde zur besten Sendezeit. Aufgezeichnet wird im „Tempel" der Country-Musik, dem ehrwürdigen Ryman Auditorium in Nashville.

Johnny Cash hat es geschafft. Er ist ein Superstar.

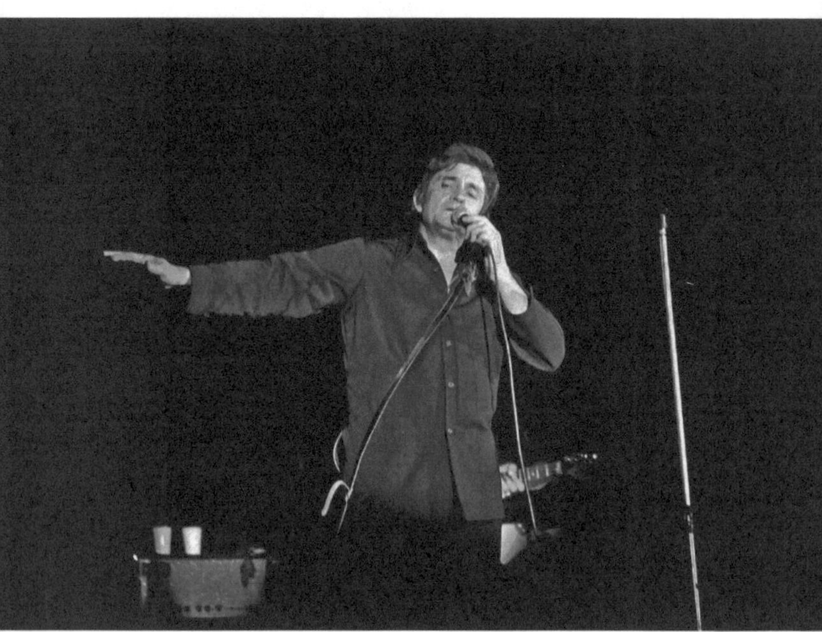

Stadthalle Bremen, September 1972

5

Cowboy Jesus, Bruder Paulus

Der „Man in Black" auf Kreuzzug mit Billy Graham

Warum er eigentlich auf der Bühne nur Schwarz trage, fragen viele. In einem Song gibt Johnny Cash die Antwort: „Ich trage das Schwarz für die Armen und Niedergeschlagenen; für den Gefangenen, der längst für sein Verbrechen bezahlt hat; für die Kranken und Einsamen." Mit dem Song „Man in Black" schafft Johnny Cash sich selbst als Kunstfigur. Er macht sein Äußeres zum Markenzeichen und verleiht seinem stets schwarzen Outfit eine Bedeutung. Es ist ein „Symbol der Rebellion – gegen einen stagnierenden Status Quo, gegen unsere heuchlerischen Gotteshäuser, gegen Menschen, die sich den Ideen anderer verschließen". Gleichzeitig macht er den Glauben zum Thema: Er trage Schwarz „für diejenigen, die nie die Worte Jesu über den Weg zum Glück durch Liebe und Wohltätigkeit hörten oder lasen". Das klingt fast missionarisch. Gleichzeitig bezieht Cash die politische Situation ein: Er trage Schwarz „für die Tausenden, die gestorben sind – im Glauben, dass der Herr auf ihrer Seite war".

Der Kriegseinsatz der USA im Vietnamkrieg erhitzt seit Anfang der 1960er-Jahre die Gemüter einer ganzen Generation. Die Bürgerrechtsbewegung protestiert gegen die Kriegseinsätze und für die Rechte von Minderheiten in den USA. Die Folk-Szene begleitet den Protest musikalisch. Songs von Woody Guthrie, Pete Seeger und Joan Baez sorgen für ein neues Gemeinschaftsgefühl, das sich nicht mit Lagerfeuer-Romantik begnügt, sondern Mut macht, sich für Frieden und Gerechtigkeit zu engagieren.

Country-Musik gilt in diesen Kreisen zunächst als verpönt und als musikalische Beschwichtigung der bestehenden Ungerechtigkeiten. Johnny Cash wird hier zum Brückenbauer. Schon 1964 darf er beim Newport-Festival auftreten. Er singt unter anderem einen Song von Bob Dylan, „Don't Think Twice, it's Alright", und auch seinen bis dahin politischsten Song: „The Ballad of Ira Hayes". Das Lied beschreibt das Schicksal des indigenen US-Soldaten Ira Hayes, der 1945 nach der Eroberung der japanischen Pazifikinsel Iwojima zusammen mit fünf anderen Soldaten die US-Flagge hisste; ein Foto davon ist weltberühmt und gehört zu den Ikonen der US-Geschichte. Ira Hayes jedoch empfing als Indigener nie die gebotene Achtung und starb im Alter von 32 Jahren unter elenden Umständen. Cash fühlte sich dem Schicksal der „Native Americans" so nah, dass er diesem Thema ein ganzes Album widmete: „Bitter Tears".

In die erste Ausgabe seiner „Johnny Cash Show" lädt er Bob Dylan ein. Das wirkt wie eine Revanche im guten Sinne: So wie Cash einst nach Newport, ins Mekka des politischen Folk-Revivals, eingeladen wurde, so darf Dylan nun im Ryman-Theatre in Nashville, der Hochburg der traditionellen Country-Musik, auftreten. Für Dylan ist das eine Ehre. Er schätzt Cashs Musik sehr. Seine Stimme höre sich an, als ob „sie aus dem Inneren der Erde" käme, schwärmt Dylan später: „Sie war so kraftvoll und bewegend. Sie war abgründig, wie ihr Ton, wie jeder Vers; tief und reich, beängstigend und geheimnisvoll zugleich." „I Walk the Line" habe zu seinen Lieblingssongs gehört: Johnny Cash habe „eine monumentale Präsenz" gehabt, „und seine Majestät hatte etwas Demütigendes. Selbst so ein einfacher Vers wie ‚I find it very very easy to be true' gibt dir einen Maßstab. Wir können uns daran erinnern und erkennen, wie weit wir dahinter zurückbleiben".

Grenzen zwischen Musikstilen sind für Dylan wie für Cash ohne Bedeutung. Zusätzliche Aufmerksamkeit erregt Dylans Auftritt in der Show dadurch, dass er sich nach einem Motorradunfall drei Jahre lang fast nie in der Öffentlichkeit gezeigt hat. An der Art, wie die beiden miteinander umgehen, wird deutlich: Sie begegnen sich nicht nur mit großem Respekt und Wertschätzung – sie sind Freunde geworden. Dylan hat sogar einen Country-Song für Cash geschrieben, „Wanted Man", den die beiden gemeinsam singen. Wenn Cash im Song „Man in Black" von den Soldaten singt, die vermeintlich für Gott in den Krieg und Tod zogen, ist das womöglich ein Echo auf Bob Dylans frühen Anti-Kriegs-Song „With God on His Side", der das Thema ebenfalls aufgriff. Später wird Cash auch „Blowin' in the Wind" bei Konzerten singen, die Friedens-Hymne, die Bob Dylan mit einem Bibelspruch aus dem Ezechiel-Buch im Kopf geschrieben hatte, einer Klage Gottes über die, die „Augen haben zu sehen und doch nicht sehen; Ohren zu hören und doch nicht hören".

Folk, Country, Hillbilly, Rock'n'Roll, Jazz und Gospel: Verschiedenste musikalische Genres auf einer Bühne zu präsentieren, ist für Cash eine Freude. In seiner neuen Show hat er nahezu alle Freiheiten. Er lädt unterschiedliche Künstlerinnen und Künstler ein: Neil Diamond und Ray Charles, Liza Minnelli, José Feliciano und viele andere geben einander die Klinke in die Hand. Stevie Wonder singt „Heaven Help us All" – ein souliges Gebetslied, in dem der schwarze blinde Sänger um die Hilfe Gottes fleht: „Gott, hör uns, wenn wir rufen!" Gospel-Grand-Dame Mahalia Jackson singt mit mitreißender Stimme und voller Inbrunst das Lied von der erstaunlichen göttlichen Gnade, „Amazing Grace": „Einst war ich verloren, aber jetzt bin ich gefunden, war blind, jetzt sehe ich. Es war Gnade, die mich das Fürchten lehrte und Ängste erträglich macht." Nach acht Minuten ist sie sichtlich erschöpft und glücklich, das Publikum applaudiert frenetisch.

Cash selbst singt zusammen mit June, der Carter-Family und den Statler-Brothers das Lied von der „Old Time Religion". „Die Geschichte der Country-Musik wäre nicht vollständig ohne fromme Lieder", so sagt er den Song an. Die frühen Siedler hätten die Melodien mit nach Amerika gebracht und sie von Generation zu Generation überliefert. In diesem Song wünscht er sich die „alte Religion" zurück, die von der Liebe geleitet gewesen sei. Für die Väter und die „hebräischen Kinder" sei sie gut gewesen, also werde sie auch für heute gut sein. Als Beispiel führt Cash singend eine Wundergeschichte aus dem biblischen Buch Daniel (Kapitel 3) an: Drei Männer hatten sich geweigert, fremde Götter anzubeten und wurden dafür vom bösen Herrscher Nebukadnezar in einen Feuerofen geworfen. Doch mit der Hilfe Gottes kamen sie unverletzt aus den Flammen heraus. „Wir hoffen, ihr habt Mut, wenn die Versuchung kommt", spricht Cash die Menschen im Publikum an, „es ist immer jemand da, der über euch wacht, egal ob ihr stark oder schwach seid."

Im Februar 1971 verblüfft er sein Fernseh-Publikum mit einem sehr außergewöhnlichen Gast. Zunächst singt er allein einen frommen Song, „When the Preacher Said". „Jeder will uns erzählen, was wir zu tun haben", beginnt er – die wirklich hilfreiche Botschaft könne jedoch nur ein Prediger bringen, der das Wort Gottes verkünde. Die Kamera schwingt zur Bühnenwand, wo die Silhouette eines Mannes zu sehen ist. Der sagt: „Ich bin der Weg, die Wahrheit und das Leben." Das Wechselspiel zieht sich durch die Strophen. Cash fragt: „Was können wir tun, wenn keine Liebe mehr da ist?" Der Prediger sagt: „Liebe deinen Nächsten wie dich selbst!" – „Sag uns, welchen Weg wir nehmen sollen, und wenn es einen Himmel gibt, dann zeig uns die Pforte!" Wieder antwortet der Prediger mit einem Zitat Jesu: „Trachtet zuerst nach dem Reich Gottes und nach seiner Gerechtigkeit, so wird euch alles zufallen." In der letzten Strophe bittet Cash: „Sag uns, worauf wir in der Not vertrauen können!" Dann lüftet er das Geheimnis. Der Prediger hinter der Schattenwand ist Billy Graham, der bekannteste christliche Missionar der USA. In grauem Anzug hält er eine kurze Ansprache. Eines der ersten Instrumente in der Bibel sei die Gitarre, sagt er und erklärt, durch alle Zeiten hindurch habe Musik den Menschen den Glauben gebracht. Dann berichtet er, dass sich noch nie zuvor so viele junge Menschen zu Jesus bekannt

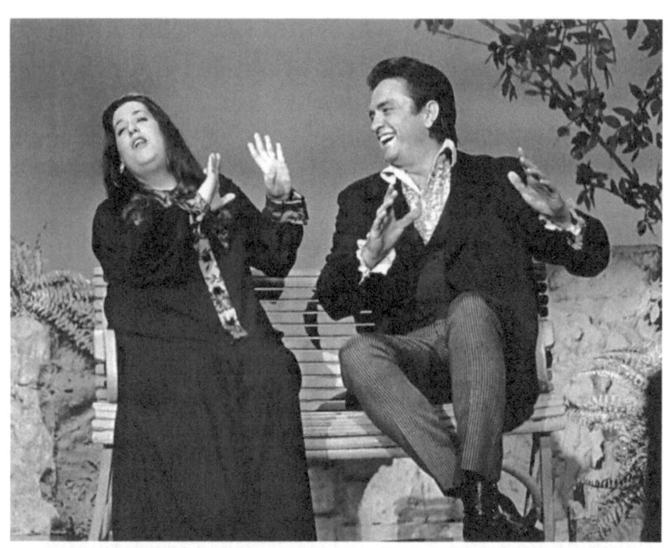

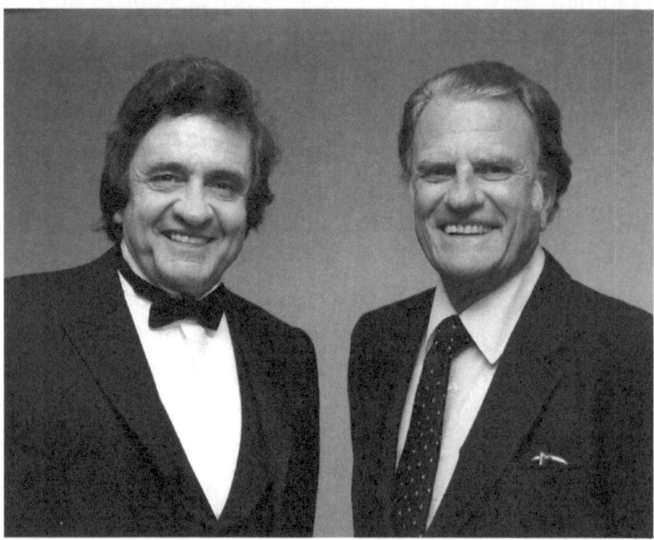

Oben: 1969 mit Sängerin Cass Elliott in der Johnny Cash Show
Unten: 1985 mit Billy Graham

hätten wie derzeit. Graham wechselt in die persönliche Ansprache: „Gott liebt dich. Egal wer du bist und was du bist. Gott will dir vergeben." Um das zu erfahren, müsse man nur den Ruf Jesu annehmen: „Wenn du mir nachfolgst und das Kreuz auf dich nimmst, kannst du mein Jünger sein." Das könne heute noch geschehen. Nach einem Segen tritt Graham wieder ab. The Show is over.

Billy Grahams Crusades

Billy Graham und Johnny Cash?!? Für viele ist das gemeinsame Auftreten zunächst gewöhnungsbedürftig. Im Dezember 1969 hatte John den Erweckungsprediger kennengelernt – vermittelt durch die TV-Moderatorin und ehemalige Miss America Maria Beale Fletcher, die in Nashville lebte. Johnny und June luden Billy Graham und seine Frau Ruth zum Abendessen zu sich nach Hendersonville ein. Cash hatte größte Achtung vor dem gut 13 Jahre älteren Graham; schon seine Eltern hatten den Prediger im Radio gehört und ihn für eine bedeutendere Persönlichkeit gehalten als die Country-Sänger, die ihr kleiner J. R. damals hörte. Graham hatte sich seitdem zum erfolgreichsten und populärsten christlichen Missionar der westlichen Welt emporgepredigt. Es hieß, er sei bekannter als der Papst. Zu seinen Evangelisationsveranstaltungen strömten Zigtausende. Mit einer Mischung aus locker wirkenden und anekdotenreichen, zugleich aber theologisch konservativen Predigten und eingängiger Musik von großen Chören begeisterte er die Menschen. Dabei sah er sich als Sprachrohr Gottes. Er war der Überzeugung, er verkünde nicht seine eigene, sondern die biblische Lehre.

Am Ende jedes seiner „Crusades" („Kreuzzüge") folgten viele Menschen seinem Aufruf, bekannten sich zum christlichen Glauben und übergaben ihr Leben Jesus. Graham hatte Interesse an Superstars wie Cash, der in seinen Konzerten stets Gospels sang. In seiner Cash-Show hatte John außerdem ein bemerkenswertes Glaubenszeugnis abgelegt und dafür sogar Stress mit dem Sender in Kauf genommen. Auch in seinem letzten Mega-Konzert im New Yorker Madison Square Garden hatte er die frommen Songs „He Turned the Water into Wine" und „Where You There When They Crucified My Lord?" gesungen.

Die Ehepaare Cash und Graham verstanden sich auf Anhieb. Sie spürten, dass sie nicht nur privat befreundet sein wollten, sondern auch beruflich Vorteile aus dem Zusammensein ziehen konnten. Billy Graham suchte fromme Prominente, die er als Vorbilder und Publikumsmagneten installieren konnte – und Cash konnte durch die Mitwirkung an den „Crusades" seine Frömmigkeit auf der Bühne ausleben, ohne befürchten zu müssen, damit seine weniger frommen Fans zu verschrecken.

Im Mai 1970 treten Johnny und June zum ersten Mal mit Billy Graham auf – und haben das größte Publikum ihrer bisherigen Karriere vor sich: 62.000 Menschen hören die Gospels aus Cashs Repertoire. Die Auftritte – am Ende werden es 35 sein – laufen stets ähnlich ab: Graham begrüßt die guten Freunde und Johnny und June bestätigen selbstbewusst und charmant Billy Grahams Botschaft. „Sie können glauben, was Billy Graham Ihnen sagt. Billy Graham ist schon lange, lange Zeit ein Freund von mir. Wenn er sagt: ‚Es gibt einen Himmel', dann gibt es einen Himmel. Und wenn er sagt, dass es eine Hölle gibt, dann können Sie Ihr Leben darauf verwetten, dass sie heute keine halbe Meile von hier entfernt ist", verkündet June zum Beispiel. So fremd, ja befremdlich diese Präsentation der christlichen Botschaft zumal hierzulande für viele sein mag: Besonders in den USA hat sie zahllose Menschen in Bann gezogen.

Bald gehört auch ein neuer Song zu Cashs Repertoire: „One of these Days I'm Gonna Sit Down and Talk to Paul". Das Lied ist so etwas wie die christliche Version des „Folsom Prison Blues". Cash knüpft darin an eine biblische Erzählung aus dem Leben des Apostels Paulus an, die im 16. Kapitel der Apostelgeschichte steht: Paulus war zusammen mit seinem Mitstreiter Silas im kleinasiatischen Ort Philippi auf Missionstour. Einige fühlten sich gestört und zeigten die beiden an. Schließlich wurden sie wegen Unruhestiftung festgenommen und ins Gefängnis geworfen. Im tiefsten Kerker angekettet, beteten sie nachts zu Gott und lobten ihn. Es folgte ein Erdbeben, das die Mauern des Gefängnisses einstürzen und die Fesseln der Gefangenen abfallen ließ. Paulus und Silas kamen frei – und der verdutzte Kerkermeister wurde Christ.

In seinem Song träumt Cash davon, eines Tages mit Paulus zusammensitzen und sich mit ihm auch über diese Geschichte unterhalten zu können. „Ich frage ihn nach der Reise nach Philippi und wie er und Silas sich gefühlt haben, als um Mitternacht das Wunder geschah und alle Gefängnistüren sich öffneten", singt Cash. Und er freut sich auf den Moment, in dem er mit Paulus „die Lieder singen wird, die sie damals in Philippi gesungen haben". Gefangenschaft und Glaube – diese Themen bewegen John noch immer.

Cash und June bekommen tosenden Beifall für ihre Auftritte bei Grahams „Crusades". Im Kontrast zu den wortgewaltigen moralischen Missionsreden Billy Grahams bringt Cash mit seinem leidgeprüften Glaubenszeugnis unmittelbare Lebenserfahrung in die Veranstaltungen ein. Und die Menschen spüren: Dieser Superstar steht nicht da vorne auf der Bühne, um Geld zu scheffeln, sondern weil ihm der Glaube tatsächlich wichtig ist. Wenn dieser Glaube sogar dem durch so viele Krisen gegangenen Johnny Cash Trost und Kraft gibt, muss dann nicht wirklich etwas dran sein?

Billy Graham erwidert Cashs Beteiligung an seiner Evangelisation mit seinem Auftritt in der Johnny-Cash-Show. Das „Maschinengewehr Gottes" – so wurde Graham wegen seiner hohen „Trefferquote" an Bekehrungen in der Presse genannt – zu Gast bei dem Superstar, der seinem Publikum empfahl: „Lasst eure Waffen lieber zu Hause, wenn ihr in die Stadt geht" – „Don't take your guns to town". Einige Fans irritiert Cashs Glaube, weit mehr aber danken ihm für seine Offenheit und Ehrlichkeit. Und Billy Graham schätzt sich glücklich, da er mit dem Auftritt Millionen Menschen erreicht hat.

Manchmal träumt John sogar davon, selbst Prediger zu werden – damit würde er den Berufswunsch seines so jung verstorbenen Bruders Jack erfüllen. Doch Billy Graham rät ihm ab. Cashs Talent sei die Musik; als Prediger könne er vermutlich nie so viele Menschen erreichen wie mit der Gitarre.

Grahams und Cashs treffen sich häufig auch privat. Mehrmals verbringen sie einige Urlaubstage miteinander. Bei so großer Nähe entgeht Graham auch Johns Suchtproblem nicht. Doch Graham reagiert nicht moralisierend, sondern freundschaftlich. Er versucht John Mut zuzusprechen: „Du kannst das. Steh wieder auf. Du weißt, wer du bist." Cash sei ein „guter Mensch, der mit vielen Herausforderungen in seinem Leben zu kämpfen" habe, meint Graham; außerdem hält er John für „tief religiös". John ist dankbar für die verständnisvolle Unterstützung: „Selbst in meinen schlimmsten Zeiten, wenn ich mal wieder rückfällig geworden war und die eine oder andere Art von Pillen genommen hatte, hielt er unsere Freundschaft aufrecht und hatte immer ein offenes Ohr und einen guten Rat für mich, immer streng getreu der Bibel. Er bedrängte mich nie, wenn ich in Schwierigkeiten war. Er wartete immer, bis ich mich ihm offenbarte, und half mir dann, so gut er konnte."

Als täglichen Seelsorger allerdings wählt sich Cash einen anderen Prediger aus.

„Help me" – Die zweite Bekehrung

Der Umzug nach Hendersonville hatte einen weiteren Vorteil gehabt: Das Haus der Cashs liegt nur 25 Kilometer vom „Evangel Temple" entfernt, einer baptistischen Kirche. Deren Pastor kennt John gut: Es ist Jimmie R. Snow, der Sohn von Country-Star Hank Snow. 1956 hatte er ihn in Memphis kennengelernt. Einige Jahre hatte er auch mit seinem Vater Hank auf der Bühne gestanden; beide waren mit Elvis Presley und Buddy Holly unterwegs gewesen.

Dann hatte Jimmie eine Bekehrung erlebt; seinen neuen strengen Glauben hielt er für unvereinbar mit dem

Musikbusiness. Deshalb entschloss er sich, Prediger zu werden. Leidenschaftlich verkündete Jimmie R. Snow von nun an, dass besonders die Rock'n'Roll-Musik Menschen von Gott entferne. Der „beat", nach dem die jungen Menschen tanzten, habe nämlich teuflische Dimensionen. In Nashville hatte Snow eine eigene Kirche gegründet; dort versuchte er, insbesondere Musikerinnen und Musiker vom Glauben zu überzeugen – auch prominente.

1969 hatte Cash Snow zufällig in Vietnam getroffen; John war dort mit June auf Tournee, ihm ging es zusehends schlechter. Das Treffen müsse ein Zeichen Gottes sein, dachte John und bat den Pastor um ein seelsorgerliches Gespräch. Zwei Wochen später findet es zu Hause in Hendersonville statt. Viele Stunden lang reden sie; John erzählt dem Pastor, dass er sich von Gott entfernt habe und gerne wieder zurückfinden wolle – nur wisse er nicht, wie. „Das Einzige, was dir Kraft verleihen wird, ist, dich voll und ganz zu Gott zu bekennen", rät Snow ihm, dann nimmt er Johns Hand und betet mit ihm. Cash besucht anschließend einige Male den Gottesdienst.

Am 21. Mai hört er dort, wie der 22-jährige Musiker Larry Gatlin einen ergreifenden Gospel-Country-Song singt. „Help Me" klingt wie das Gebet eines Sünders: „Hilf mir, eine weitere Meile zu gehen – ich bin des Alleinegehens müde! Hilf mir zu lächeln, ich schaffe es nicht mehr aus eigener Kraft. Niemals dachte ich, ich würde Hilfe nötig haben. Jetzt halte ich es nicht mehr aus. Mit pochendem Herz bitte ich dich auf Knien, Gott: Hilf mir! Befreie mich von den Ketten der Dunkelheit!" Der Song trifft Cash in Herz und Seele. Er steht auf, geht zum Altar und kniet nieder. „Ich erneuere mein Glaubensbekenntnis", sagt er und gelobt, sich „in Zukunft noch mehr zu bemühen, ein gottgefälliges Leben zu führen. Dafür erbitte ich deine Gebete und die Gebete dieser Menschen."

Auch June ist in der Kirche; beide umarmen sich und haben Tränen in den Augen. Das Bekenntnis, das John als Zwölfjähriger in Dyess abgelegt hatte, ist somit erneuert worden. Er blickt wieder zuversichtlich in die Zukunft.

Tage später erzählt er Reverend Snow von einem neuen Vorhaben: Er möchte einen Film über das Leben Jesu drehen – mit passenden Songs. Das Drehbuch sei bereits in Arbeit. Gedreht werden solle an den Originalschauplätzen in Israel.

Die „Gospel Road"

Die Idee zu einem Film über das Leben Jesu hatte Cash schon drei Jahre zuvor, als er mit June zwei Wochen lang Israel bereiste. Durch die Besichtigung all der heiligen Stätten war Cashs Interesse am frühen Christentum so sehr gewachsen, dass er allerlei Bücher über die Zeit der ersten Christen las: Romane, religiöse Schriften und theologische Werke. Sein Wissensdurst war so groß, dass er sich an einer Bibelschule zu Seminaren einschrieb. Später erhielt er sogar eine Art Diplom für seine Bibelstudien. Das Thema war allgegenwärtig im Hause Cash-Carter.

Eines Morgens wacht June auf und erzählt ihm von einem Traum: Darin stand John auf einem Berg im Heiligen Land und sprach über Jesus. Cash deutet diesen Traum als ein Zeichen, nun das Filmprojekt in Angriff zu nehmen. Mit einem befreundeten Filmemacher schreibt er das Drehbuch. Im Herbst 1971 ist es fertig. Ende November fahren sie zu den Dreharbeiten nach Israel. Cash lässt sich sein Herzensprojekt viel Geld kosten. Allein das Equipment und die Reise für die 40-köpfige Crew verschlingen beträchtliche Summen. Dreißig „intensive und aufregende" Tage verbringen sie in Israel. Vieles geschieht, was Cash als mysteriöse kleine Zeichen Gottes deutet. Den Berg Arbel am See Genezareth etwa erkennt June als jenen Berg wieder, von dem sie geträumt hat. Die wenige Kilometer entfernte Kirche auf dem Berg der Seligpreisungen ist geschlossen – doch der Verwalter kommt aufgrund einer Ahnung mit einem Schlüssel herbei. Auch dass es während der ganzen Drehzeit nicht regnet, könnte ein Zeichen des Himmels sein. Nur ein einziges Mal, an dem Tag, an dem sie die Sturmstillung drehen wollen, regnet es ein kleines bisschen, „gerade lange genug", um diese Szene zu filmen!

Sogar die Schauspielersuche gestaltet sich auf wundersame Weise einfach. Um die zwölf Jünger zu besetzen, gibt Cash eine Anzeige in der „Jerusalem Post" auf. Zum Casting kommen etwa fünfzig Männer ins Hotel: „eine höchst ungewöhnliche Ansammlung von Personen – Schweden, Dänen, Deutsche, Schweizer, Franzosen, Briten, Amerikaner, Aussteiger und Kriegsdienstverweigerer, Suchende, Abenteurer und Leute, die diesem oder jenem entfliehen" wollen. Einige von ihnen sind ausgehungert und obdachlos, alle sind auf Jobsuche. Cash und dem Regisseur fällt es leicht, aus dieser Gruppe lebenserfahrener Männer Darsteller für die Jünger auszusuchen. Die Dreharbeiten finden in Nazareth, Jerusalem, Jericho und anderen Orten statt. Zwar gibt es ein Drehbuch, doch es wird viel improvisiert. Am Ende sind Tausende Meter Filmmaterial gedreht. Der Schnitt ist eine große Herausforderung, da nur zwei Kameras vor Ort waren.

Dass „Gospel Road", so der Filmtitel, in den Kinos floppt, hat zum Teil mit den Beschränkungen einer Low-Budget-Produktion zu tun. Doch auch das streckenweise sehr naive Konzept vermag das große Thema nicht zu tragen: Johnny Cash singt Songs über Jesus und die Bibel, dazu gibt es Sonnenaufgänge zu sehen. Viele Laiendarsteller versuchen, biblische Geschichten in Szene zu setzen und verklären dabei das Schicksal Jesu bis ins Kitschige. Schon die Tatsache, dass Jesus als blondes Kind auftritt, gibt zu denken. Als der weißgekleidete Jesus zur Taufe an den Jordan schreitet, begleiten Streicher ihn musikalisch, dann kuschelt sich eine weiße Taube bedeutungsschwer an seinen Bart. June Carter übernimmt die Rolle der Maria Magdalena. Während sie mit dem Song „Follow me" zu hören ist, steht sie Jesus minutenlang pathetisch gegenüber. Der streichelt ihr am See-Ufer das Gesicht, streift ihre Kapuze ab und legt damit ihr wallendes langes Haar frei. Johnny Cash tritt mit der Bibel in der Hand als Experte auf und lädt die Zuschauer ein: „Folgt mir auf den Fußspuren Jesu!" Von schräg unten gegen den blauen Himmel gefilmt erscheint er (ungewollt?) wie eine biblische Ikone. Wenn er singt: „The people that walked in the darkness have seen a great light", dann klingt das arg missionarisch. Predigt im Chicka-Boom-Sound. Passion, Kreuzigung, Auferstehung: Der Film wirkt wie eine laienhaft bemühte Belehrungssendung aus dem Filmstudio einer evangelikalen Kirchengemeinde. Einem Vergleich mit Bibelfilmen aus Hollywood hält er nicht stand. Der Misserfolg ist für Cash eine schmerzliche Erfahrung. Doch immerhin hat er versucht, seine Sicht auf den christlichen Glauben weiterzutragen.

Paulus und der „Man in White“

Der urchristliche Apostel Paulus ist eine biblische Figur, die Cash ebenfalls stark beeindruckt. Einmal nennt Cash ihn sogar seinen „Helden“. Paulus kannte Jesus nicht persönlich. Unter seinem jüdischen Namen Saulus war er hart gegen die Anhänger der neuen Jesus-Sekte vorgegangen. Dann, so die Bibel, erschien Jesus ihm in einer Vision, woraufhin Paulus den christlichen Glauben annahm und damit begann, ihn zu verkünden. Als Missionar bereiste er den östlichen Mittelmeerraum und gelangte schließlich sogar bis nach Rom, wo sich seine biblische und historische Spur verliert.

In Paulus findet John einen Seelenbruder, mit dem er eine existenzielle Lebenserfahrung teilt. Paulus beschreibt es im siebten Kapitel seines Briefes an die Gemeinde in Rom so: „Das Gute, das ich will, das tue ich nicht; sondern das Böse, das ich nicht will, das tue ich. Ich sehe aber ein anderes Gesetz in meinen Gliedern, das widerstreitet dem Gesetz in meinem Verstand und hält mich gefangen im Gesetz der Sünde, das in meinen Gliedern ist. Ich elender Mensch! Wer wird mich erlösen von diesem Leib des Todes?“

Paulus bringt hier auf den Punkt, womit auch Cash zu kämpfen hat: Auch der will stets das Gute tun, möchte sündenfrei durchs Leben gehen, so wie er es im Song „I Walk the Line" bei jedem Konzert singt – und doch gerät er ständig an seine Grenzen. Blickt er auf sein Leben zurück, erscheinen Drogeneskapaden, Depressionen und destruktive Exzesse vor seinen Augen. Er denkt an sein Fremdgehen und das Zerbrechen der Ehe mit Vivian – der Frau, die er über alles geliebt und der er ewige Treue versprochen hatte. Und all das, obwohl er sich doch immer wieder aufs Neue vorgenommen hatte, rechtschaffen zu leben und die biblischen Gebote zu befolgen! „Ich elender Mensch!", diesen verzweifelten Ausruf des Paulus wird auch Cash oft als Stoßgebet gen Himmel gesendet haben.

So gut kann er sich in Paulus hineinversetzen, dass er ihm ein musikalisches Denkmal setzt. „Man in White" heißt der Song, in dem Cash in Paulus' Haut schlüpft und aus dessen Sicht sein Leben schildert. Einst habe er die Anhänger des Jesus von Nazareth verfolgt, sei sogar an einem Gemetzel an Christen beteiligt gewesen. Doch dann sei dem jüdischen Gelehrten in einem „überirdischen blendenden Licht" der „Mann in Weiß" erschienen: Jesus. „Saul, warum verfolgst du mich?", habe er die Stimme Jesu sanft und liebevoll sagen gehört. Das habe ihn überzeugt und zum Missionar gemacht.

Die Beschäftigung mit Paulus verschafft Cash „tiefe Erfüllung". Sogar einen Roman mit dem Titel „Man in White" schreibt er über den Apostel. Die Fans staunen. Damit wolle er ihm „etwas von dem zurückgeben, was die Geschichte von Paulus" ihm gegeben hatte, erklärt Cash.

Beeindruckt ist Cash nicht zuletzt von Paulus' Missionseifer. Paulus sei ein Christ gewesen, „der ständig missionarisch tätig war, einer, der sich nie Ruhe gönnte" – so wie „wir im Musikgeschäft", meint Cash. „Ein bequemes, zurückgezogenes Leben kam für ihn nicht in Frage, genauso wenig wie für mich." Auf seinem eigenen Lebensweg sei es ihm wichtig, „zu versuchen, an jene Kraft heranzukommen, die Paulus gefunden hatte: die Kraft Gottes, die in mir und die für mich da ist, wenn ich nur danach suche".

Um mit dem Zwiespalt zwischen dem Guten und dem Bösen fertigzuwerden, den er in sich wahrnimmt, legt Cash sich eine psychologische Erklärung zurecht. „Manchmal bin ich zwei Personen. Johnny ist der Nette. Cash macht den ganzen Ärger. Sie streiten." Später formuliert er es versöhnlicher: „Ich akzeptiere die Tatsache, dass ich zum Teil gut und zum Teil schlecht bin." Seine Frau June jedenfalls unterstützt das Gute in ihm – auch mit einem Song, den sie über ihn schreibt: „A Good Man". „Jesus fühlt den Schmerz und die Verletzung eines guten Mannes", singt sie und ermutigt ihn: „Du bist ein guter Mann, greif nach den Sternen! Wir alle brauchen die Kraft eines guten Mannes!"

In seinen Paulus-Roman seien viele Gespräche mit Agnostikern, Atheisten und vor allem mit jüdischen Theologen eingeflossen, schreibt Cash im Vorwort zu „Man in White". Die dürften dazu beigetragen haben, dass Cash eine erstaunlich differenzierte Sicht auf Paulus hat und dessen Beschreibung des Verhältnisses von Christen und Juden übernimmt. So formuliert Cash auch seinen eigenen christlichen Glauben theologisch versiert: „Ich, der ich daran glaube, dass Jesus von Nazareth, ein Jude, der

Christus der Griechen, der Gesalbte Gottes ist (geboren aus dem Samen Davids, im Glauben, wie Abraham geglaubt hat, und es wurde ihm zur Gerechtigkeit gerechnet), bin in den wahren Weinstock eingepfropft und gehöre zu den Erben des Bundes Gottes mit Israel."

Dann zitiert Cash einen Wortwechsel mit einem kritischen Journalisten: „Ich bin Christ", sagt Cash, „packen Sie mich nicht in eine andere Schublade!" Nach einer Pause erwidert der Journalist: „Auch Adolf Hitler war ein Christ!" „War er nicht", antwortet Cash, „an ihm war nichts christlich!" „Woher wissen Sie das?", fragt der Journalist. Cash denkt nach, dann sagt er: „Ich weiß es nicht wirklich. Aber Jesus sagte: ‚An ihren Früchten sollt ihr sie erkennen', und die Früchte habe ich gesehen – im Holocaust-Museum in Jerusalem."

Der Wortwechsel macht deutlich: Johnny Cash zeigt Haltung und weicht kritischen Fragen nicht aus. Weder lässt er sich in die Schublade eines naiven Christen stecken noch in die eines unpolitischen Country-Sängers. Haltung zeigt er auch in seinen Songs über Menschen, die am Rande der Gesellschaft stehen. Schnulzige Lagerfeuerstimmung oder unreflektierte Cowboy-Romantik versucht er dabei zu vermeiden. Zusammen mit Musikerkollegen wie Willie Nelson und Kris Kristofferson konfrontiert er die vermeintlich heile Country-Welt mit den harten Themen der Wirklichkeit.

Mystischer Glaube ist Cash ebenso fremd wie intellektuell geschulter. Für ihn ist Gott ein ständiger Wegbegleiter. „Guten Morgen, lieber Gott!", begrüßt er ihn täglich nach dem Aufwachen. Fragt ihn jemand nach seinem Gottesbild, verdutzt er die Neugierigen hin und wieder mit originellen Antworten wie dieser: „Für mich ist Gott jemand, der den Südstaatenakzent mag und Country-Musik akzeptiert." Ob er auch mal mit Gott hadere? „Meine Arme sind zu kurz, um mit Gott zu boxen", meint Cash. Im Song „The Greatest Cowboy of them All" geht er sogar so weit, Jesus als „größten Cowboy" aller Zeiten zu besingen. „Ich hatte immer meine Helden", beginnt er, aber von ihnen ist „der Mann, der auf einem Esel ritt, der größte Cowboy von allen." Dieser Cowboy kümmert sich um alle Außenseiter und Streuner. „Der Weg, den er reitet, ist schmal, aber er ist gerader als ein Pfeil." Und am Ende „wird er alle Reiter in den Himmel rufen". Jesus – ein Cowboy, der in den Sonnenuntergang reitet? Cash präsentiert den Song 1978 in einer Weihnachtsfernsehshow und kündigt ihn an als „Christmas- und Cowboy-Song".

Auch über Maria Magdalena schreibt er ein Lied, in dem es sehr menschelt. „Wenn Jesus jemals eine Frau geliebt haben sollte – dann wäre es Maria Magdalena gewesen", singt er und versucht, die Lüste irdischer Liebe mit der „reinen Vollkommenheit" Jesu in Einklang zu bringen, der „keine Sünde, Lust noch Habgier" kannte. Zwar habe auch Jesus innere „Not" gespürt, die habe allerdings nur „sein Vater" gekannt. Jesus habe die Seele der Maria Magdelena „von sieben Teufeln befreit". Ihre stille Art habe ihn dann dazu gebracht, sie zu lieben. „If Jesus Ever Loved a Woman" klingt so, als würde Cash auch in Jesus einen Seelenbruder sehen – einen, der nur das Gute lebt, nach dem Cash schon sein Leben lang strebt (von dem er selbst aber anders als Jesus immer wieder abkommt): einen

Mann, dem viele Männer und Frauen folgen, der im Rampenlicht steht, der Heuchler verabscheut, Versuchungen widersteht und eine Frau liebt, die zu ihm passt.

Obwohl ihm der Glaube – manchmal vielleicht auch auf eher naive Weise – so wichtig ist, lässt Cash sich nicht auf das Glaubensthema reduzieren. Einmal beschreibt er sich als „eine Stimme, die verirrt in der Wildnis heult", manchmal aber erkenne er, „worauf es ankommt", und er wisse, wovon er singt: „von brüderlichem Teilen, Lob, Anbetung, Wunder und Weisheit". Und allen, die ihn wegen seiner Gospel-Alben in eine exklusiv christliche Ecke rücken wollen, erklärt er, dass der Glaube nur eines von vielen Themen ist, die ihm am Herzen liegen und die er in seinen Songs verarbeitet. „Ich liebe Lieder über Pferde, Eisenbahnen, Land, den Jüngsten Tag, Familie, harte Zeiten, Whiskey, Brautwerbung, Ehe, Ehebruch, Trennung, Mord, Krieg, Gefängnis, Wanderschaft, Verdammnis, Heimat, Erlösung, Tod, Stolz, Humor, Frömmigkeit, Rebellion, Patriotismus, Diebstahl, Entschlossenheit, Tragödie, Grobheit, Herzschmerz und Liebe. Und Mutter und Gott."

Last, not least dann eben doch: „Gott". Gut, dass Cash wenigstens im Blick auf seinen Glauben so gefestigt ist. Denn den wird er in den Krisenzeiten der kommenden Jahre gut brauchen können.

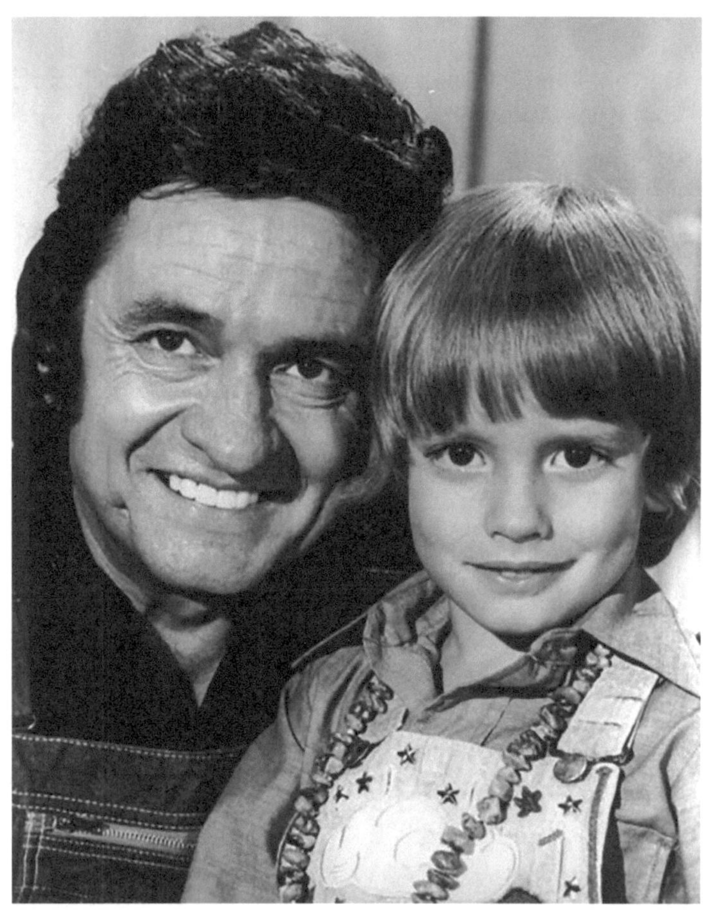

1975 mit Sohn John Carter

6

Endzeitstimmung und Entzug

Die Weisheit des Columbo

Jemand, der so singen kann wie Sie, kann kein ganz schlechter Mensch sein." Mit seinem typischen misstrauisch-großherzigen Blick schaut Inspektor Columbo den berühmten Countrysänger Tommy Brown an, der neben ihm im Auto sitzt. Hinter der Filmfigur verbirgt sich Johnny Cash. Es ist gut vorstellbar, dass es dieser Satz im Drehbuch war, der ihn letztlich davon überzeugte, in der weltweit populären Serie mitzuspielen. Denn der scheinbar beiläufig dahergesagte Ausspruch lässt sich auch spirituell deuten: als Zuspruch von oben, als eine Art göttliche Antwort auf Cashs ständiges Ringen mit dem Bösen in sich, mit seinen Fehltritten und Schwächen.

So ist Johnny Cash also Ende 1974 Special Guest in der Krimiserie rund um den sympathisch verpeilten Trenchcoat-Inspektor Columbo. „Swan Song" heißt die Folge, die drei Monate später unter dem Titel „Schwanengesang" auch in Deutschland gezeigt wird. Die Geschichte wurde mit großer künstlerischer Freiheit und viel Humor um Cashs Glaubens- und Liebesleben herum gestrickt. Dass er als Schauspieler mitwirkt, zeigt eine beträchtliche Bereitschaft zur Selbstironie.

Die Geschichte geht so: Der so treuherzige wie abgründige Sänger Tommy Brown, ein Teenieschwarm, zappelt in den Fängen seiner bösen Ehefrau Edna. Die fanatische Frau trägt eine weiße Kutte – Zeichen ihrer Mitgliedschaft in einer christlich verbrämten Sekte. Edna erpresst ihren Mann mit einem Geheimnis: Tommy Brown war drei Jahre zuvor der Versuchung erlegen und hatte eine 16-Jährige verführt. Damit sie dies nicht der Öffentlichkeit preisgibt und damit Tommy Browns Karriere zunichtemacht, soll er die Einnahmen seiner Konzerte – mehrere Millionen Dollar – für den Bau einer Sektenkirche spenden: für den „wunderbarsten Tempel zum Ruhme des Allmächtigen in Amerika". Brown weigert sich, es kommt zum Streit. „Ich werde benutzt, und das mag ich nicht", knurrt er seine Frau an und muss sich Schläge unter die Glaubens-Gürtellinie gefallen lassen. „In dir stecken Schuld und Sünde, Tommy", klagt Edna ihn an. Auf sein Geld will sie allerdings nicht verzichten: „Möge Gott es mir verzeihen, ich lasse es zu, dass ein Teufel einen Tempel baut." Die beiden liefern sich einen Kampf mit Bibelworten als Waffen. „Die Rache ist mein, spricht der Herr", hält Tommy Brown seiner Frau grimmig entgegen, woraufhin sie in hinterhältigem Tonfall erwidert: „Der Herr geht oft seltsame Wege, um seine Wunder zu vollbringen. Ich bin sein Werkzeug und ich werde dich bestrafen." Tommy Brown fühlt sich in die Ecke gedrängt und wird zornig: „Ein scheinheiliges Biest, eine bibelfeste Erpresserin bist du!"

Der Musiker, der im Besitz eines Pilotenscheins ist, heckt einen vermeintlich perfekten Mordplan aus. Er lockt seine Frau mit der Ex-Geliebten in ein kleines Propellerflugzeug, um sie zu seinem nächsten Auftrittsort zu fliegen. In der Luft inszeniert er einen Absturz; er selbst rettet sich mit dem Fallschirm aus der zu Boden trudelnden Maschine. Die beiden Frauen kommen um – Tommy Brown fügt sich absichtlich einen Beinbruch zu und spielt der Welt Trauer um seine Frau vor.

Durch sein messerscharfes detektivisches Geschick und seine Menschenkenntnis kommt Columbo dem Musiker auf die Schliche. Er rekonstruiert den Tathergang und nimmt ihn mit Bedauern fest, denn er weiß: Seine Frau ist ein großer Fan von Tommy Brown und wird ihn nun so schnell nicht wieder singen hören.

Mit dieser Episode ist dem Columbo-Filmteam ein Meisterstück gelungen, das auch aus theologischer Warte einiges zu sagen hat: Es wirkt wie eine filmische Illustration eines Jesus-Wortes aus der Bergpredigt: „Es werden nicht alle, die zu mir sagen: Herr, Herr!, in das Himmelreich kommen" (Matthäus 7,21). Auch nicht alle Missionskreuzzüge („Crusades") führen dazu, dass die Menschen Gott wirklich näher kommen.

Die Endzeit ruft

1990 veröffentlicht Cash ein ungewöhnliches Video. So rockig hat er sich zuvor noch nie gezeigt: Er steht in einem leeren, schummrigen Raum, neben ihm ist nur ein E-Gitarrist zu sehen, der leidenschaftlich seine Fender

Stratocaster spielt. Zu dessen coolen Gitarrenriffs singt Cash mit treibender Stimme einen Song, der beängstigende Weltereignisse mit biblischen Endzeitvisionen kombiniert. Die politische Lage ist düster: Die USA haben gerade den Irak angegriffen, die Welt hält den Atem an. Kriege und Naturkatastrophen, Umweltzerstörung und Hunger: Das alles sei bereits von den Propheten und Jesus vorhergesagt worden. Alles laufe also nach biblischem Plan, gibt sich Cash in „Goin' by the Book" überzeugt. Er ergänzt die Katastrophenmeldungen mit den finsteren Bildern der Apokalypse: Die Flüsse sind voll Blut. Ein weißes Pferd reitet durch die Nacht. Trompeten machen sich bereit, das Ende mit lautem Schall zu verkünden. Dann werden die Toten aus ihren Gräbern auferstehen – „we better be ready to go", „wir sollten besser bereit sein zu gehen". Im Video sind währenddessen Fernsehbilder verschiedener Katastrophen der Welt zu sehen.

Die biblischen Endzeitvisionen faszinieren Cash schon lange. Auch sein Missionarsfreund Billy Graham sieht in den Geschehnissen der Gegenwart den Beginn des Weltendes nach göttlichem Plan – was sich durch furchterregende Schrecken ankündige. Vielleicht gehen Cash die düsteren Schilderungen des Jüngsten Gerichts auch deshalb so nahe, weil er sich selbst ständig unzulänglich und schuldig fühlt. Warten auch auf ihn am Ende der Zeit noch schreckliche Strafen? Wie wird es sein, wenn Jesus ihn einst fragen wird, ob er in seinem Leben Gottes Willen gefolgt ist?

Mit „Matthew 24 (Is Knocking at the Door)" hatte Cash schon einen Song zu dem Thema geschrieben. Im 24. Kapitel des Matthäusevangeliums benennt Jesus die Zeichen des Jüngsten Gerichts: Kriege und Kriegsgeschrei, Hungersnöte, Erdbeben, Christenverfolgung – „Wer aber beharrt bis ans Ende, der wird selig."

Johnny Cashs Beharrungsvermögen wird in den folgenden Jahren jedenfalls noch arg auf die Probe gestellt werden. Er erlebt seine persönliche Apokalypse.

„Frommer Bernhardiner"

Was Kritiker über ihn schreiben, trifft Cash weniger, als man meinen könnte: Davon lässt er sich nicht beirren. Auch wenn gerade deutsche Feuilletonisten von der FAZ bis zur ZEIT wenig zimperlich mit ihm umgehen. Vom „frommen Bernhardiner" mit „knurrendem Kellerbass von zuweilen beträchtlicher Schönheit, auf die Dauer langweilig anzuhören", ist da zum Beispiel zu lesen. Cashs „Country-Schlager" seien „imponierend anspruchslos, melodisch belanglos, harmonisch harmlos". Das ändere sich allerdings, wenn er „mit seinen Jesusliedern in Spiritual-Rhythmen fällt. [...] Dann stellt Johnny Cash nicht mehr Johnny Cash dar, sondern macht Musik." Noch härter beurteilen die Konzertkritiker die mitreisende Carter-Family: Die Frauen wirkten „wie fleißige Kirchgänger, puritanisch bis hinauf zum ersten Knopf ihrer hochgeschlossenen langen schwarzen Kleider [...], leicht einzufügen in jeden heruntergekommenen Western".

Manfred Sack besucht für die ZEIT das Konzert in der Bremer Stadthalle und sinniert in geradezu frommer Weise: „Manchmal stellte ich mir vor, oben im Stahlbetongebälk dieser Stadthalle säße der liebe Gott, hielte schmunzelnd die Hände im Schoß gefaltet und fragte sich, warum er seinen Sohn herabgeschickt habe. Denn die Menschen sind, laut Johnny Cash, moralisch so einwandfrei, reuevoll, so lieb und treu, sie überwinden ihre Gebrechen und meistern ihre Not, und im Gefängnis fühlen sie sich gar nicht wohl und hassen jeden Stein." Solche Stimmen dürften an Cash abgeprallt sein – erst recht, wenn sie von intellektuellen Deutschen stammen, die offensichtlich Probleme erstens mit vermeintlich „schlichter" Musik und zweitens mit dem Geldverdienen haben. So wirft Sack Cash auch vor, dass er zwar gratis in Gefängnissen gespielt habe, mit den so entstandenen Aufnahmen dann allerdings „Millionen verdient" habe. Kritische Stimmen mehren sich aber auch daheim in den USA. Warum er denn überhaupt in Las Vegas auftrete und mit „Huren und Spielern" verkehre, wird er gefragt. Oder wieso er in Gefängnissen spiele und Straftätern damit etwas Gutes tue. Cash weist darauf hin, dass die Pharisäer Jesus dasselbe vorgeworfen hätten: „Er aß mit Zöllnern und Sündern!" Cash sieht sich auch hier dem Apostel Paulus nahe, der geschrieben hatte: „Ich bin allen alles geworden, damit ich auf alle Weise etliche rette." Er wolle sich mitnichten mit Jesus oder Paulus vergleichen – aber freue sich doch sehr darüber, wenn es ihm gelinge, Samen des Glaubens zu säen, und wenn sich Menschen von ihm den Weg zum Glauben weisen ließen.

Was Cash – vor allem seit Beginn der 1980er-Jahre – wirklich zu schaffen macht, sind nicht diese kritischen Stimmen, sondern der sich zusehends verschlechternde Zustand seines Körpers und seiner Seele. Zwar steht er fest im Glauben und weiß sich auch von June geliebt, zwar singt er davon, dass Jesus den Gläubigen ihre Last von den Schultern nimmt, doch die eigenen Lasten werden ihm dadurch nicht leichter.

Die Straußenattacke

„Du musst mit den Tabletten aufhören, Dad!" Wieder einmal liegt John im Delirium, vollgepumpt mit Amphetaminen und Beruhigungsmitteln. Sohn John Carter Cash findet ihn und hat Angst, sein Vater wäre schon tot. Er ruft June, seine Mutter; gemeinsam hieven sie Cash in die Badewanne. Der große Mann kommt wieder zu sich – und muss sich die Mahnungen seines zwölfjährigen Sohnes anhören: „Du musst aufhören!" Entziehungskuren haben genauso wenig geholfen wie die Liebe seiner Frau und seiner Kinder. Nichts kann ihn davon abhalten, immer wieder zu den Pillen zu greifen. Auch seine Bandmitglieder und Kollegen erschrecken. Mal demoliert Cash Hotelzimmer, dann bemalt er wie wahnsinnig seine Stiefel, schließlich sei er der „Man in Black!".

Entspannung findet Cash in der Natur. Tiere scheinen seine Seele zu beruhigen. Deshalb hat er in Hendersonville, in der Nähe seines Hauses, einen kleinen Zoo angelegt, in dem er exotische Tiere hält.

Als er eines Tages allein durch den Wald geht, springt ihm plötzlich ein aus seinem Zoo entlaufener Strauß in den Weg und zischt ihn an. Cash geht weiter. Auf dem Rückweg muss er wieder an dieser Stelle vorbei. Vorsichtshalber hat er einen Knüppel aus dem Wald mitgebracht. Tatsächlich stürmt das „prähistorische Höllenhuhn", wie er den Angreifer später nennt, wieder auf ihn los. Cash schlägt um sich, der Strauß springt in die Höhe und wirft Cash zu Boden. Die Wucht des riesigen Tieres bricht ihm zwei Rippen. Er schleudert gegen einen Stein, weitere drei Rippen knacken. Dann erst gelingt es Cash, das Tier in die Flucht zu knüppeln. Im Krankenhaus wird er wieder zusammengeflickt. Gegen die Schmerzen bekommt er starke Medikamente. Sie lindern jedoch nicht nur die Schmerzen, sondern verschaffen ihm kurzzeitige Wohlgefühle, die er aus früheren Zeiten kennt. Cash kommt wieder „drauf". Er beschafft sich weitere Medikamente, trinkt viel Wein – und begibt sich erneut auf den Weg in die ganz persönliche Hölle: Valium, Morphium, Alkohol.

Wankend bei „Wetten, dass ..."

Zwischendurch, wenn er sich einigermaßen klar fühlt, gibt Cash Konzerte. Im Sommer 1983 reist er sogar nach Europa, spielt in England und Deutschland. Dort hat er auch einen großen Fernsehauftritt zugesagt: Bei der populären Familien-Fernsehshow „Wetten, dass ..?" soll er ein Medley seiner Hits singen. Millionen Menschen werden den US-Superstar sehen. Am Nachmittag vor dem Auftritt wandelt er durch die Lobby des Augsburger Hotels; Mitreisenden ist klar: Er ist high. Sein Manager fürchtet, Cash könnte beim Auftritt Aussetzer haben und fragt ihn, ob er nicht lieber absagen solle. Immerhin soll der Auftritt Werbung für die direkt folgende Deutschlandtour sein. Cash lehnt ab und geht mit seiner Band ins Studio.

Stolz moderiert Showmaster Frank Elstner seinen Stargast an, erzählt auch, dass er einst in der Nähe Augsburgs, in Landsberg, stationiert war: „Und jetzt kommt zu uns, begleitet von seiner Frau, der weltberühmten June Carter, Mister Johnny Cash." Die Band beginnt mit ihrem Boom-Chicka-Boom-Sound, die Bläser spielen das Intro von „Ring of Fire" – und schnellen Schrittes kommt Johnny Cash dazu. Er trägt Stiefel bis zu den Knien, einen Anzug und eine weiße Seidenfliege. Er lächelt ins Publikum. Aber es ist nicht zu übersehen: Cash ist angestrengt; er schließt die Augen auf seltsame Weise, trifft nicht immer die Töne der Songs, die er Tausende Male gesungen hat. Seinen Zustand erklärt er damit, dass der Moderator June mit angekündigt hatte – ein grober Fehler, denn sie war ja gar nicht mitgereist, das habe ihn nervös gemacht. Dann hängt er sich seine Gitarre um und erzählt leicht lallend von seinem Aufenthalt in Landsberg, „das ist mein zweites Heim". Schwitzend und stammelnd quält er sich durch seine Ansage. Bei „Ghost Riders in the Sky" klingt seine Stimme kläglich. Während des Applauses geht er auf die Knie, zieht sich mühsam am Mikrofonstativ wieder hoch und verlässt die Bühne. „Cash krank oder betrunken", titelt eine Zeitung am kommenden Montag.

Während und nach der Tournee folgen neue Eskapaden. Depressionen. Halluzinationen. Verletzungen. Mentale Ausfälle. Zurück in den USA eine Lungenentzündung. Im Krankenhaus finden Ärzte innere Blutungen. Teile des Magens, der Milz und des Darms werden entnommen. Sie diagnostizieren Herzrhythmusstörungen. Sein Kiefer schmerzt und muss operiert werden. Schließlich zieht seine Familie – allen voran June und Sohn John Carter – die

Notbremse. Sie bitten ihn noch einmal inständig, er möge zur Entziehung in eine Klinik gehen. Cash willigt ein und lässt sich in die Betty-Ford-Klinik zur Behandlung von Suchtkrankheiten einweisen.

Auch June ist mit den Nerven am Ende. Sie trägt sich mit Trennungsgedanken. Dann besucht sie John zusammen mit ihrem Sohn in der Klinik; sie finden ihn guter Dinge und aufgeräumt wie lange nicht. Er scheint das Schlimmste überstanden zu haben. Kurz darauf schreibt sie in ihr Tagebuch: „Ich kann John als den Mann lieben, der er innerlich ist. Ich kann ihn akzeptieren, ob er stoned ist oder nicht. Wichtig ist, dass ich mit dem Herzen nahe bei Gott bin. Jesus wird mir Sicherheit geben." Sechs Wochen dauert der Entzug. Gute Monate folgen. Doch die Abstinenz dauert wieder nur ein halbes Jahr. Dann beginnt John erneut Tabletten zu nehmen. Nicht mehr in dem Maße wie vorher – doch so viele, dass er wieder Konzerte absagen muss. Allerdings bringt er Zeit auf für ein neues Glaubens-Projekt: Ein Jahr lang liest er im Studio das Neue Testament der Bibel ein. Das Sprechen des Textes sei eine „große Bereicherung" für sein „spirituelles Leben" gewesen, schreibt er im Begleittext zu der 19-stündigen Kassetten-Ausgabe.

In Cashs Alltag dagegen bleibt die Dunkelheit vorherrschend. Auch June sieht nun ein, dass sie eine Entziehungsbehandlung nötig hat. Immerhin: Das Sucht-Thema führt John und June als Paar wieder zusammen. Eine To-do-Liste, die den Weg in die Öffentlichkeit fand, bietet einen Einblick in das herzige Verhältnis und zeugt von Cashs staubtrockenem Humor. Er notiert darauf die Aufgaben, die er zu erledigen habe: „Nicht rauchen. June küssen. Niemand sonst küssen. Husten. Pinkeln. Essen. Nicht zu viel essen. Sich plagen. Mama besuchen. Klavier üben."

Ehrungen und die Auftritte mit der Formation „The Highwaymen", die Cash zusammen mit Kris Kristofferson, Waylon Jennings und Willie Nelson gegründet hat, bieten kleine Lichtblicke. Schnell gelten sie als „Supergroup" und spielen in den größten Hallen der USA. Tourneen nach Deutschland folgen. Natürlich lässt es sich Cash nicht nehmen, während der Konzerte auch Gospels zu singen.

„Das poetischste Tischgebet"

1987 bereist U2-Leadsänger Bono mit seinem Bandkumpel Adam Clayton die USA. Ihr Weg führt sie natürlich auch in die Musikmetropole Nashville. Bono hatte Johnny Cash Jahre zuvor in Irland kennengelernt. In Hendersonville besuchen sie ihn. Johnny und June laden die beiden Iren an den Küchentisch. Johnny habe „das poetischste Tischgebet, das ich je gehört habe", gesprochen, beschreibt Bono die Szene in seinem autobiografischen Buch „Surrender" – und verrät den Satz, den Johnny ihm gleich danach zuflüsterte: „Aber die Drogen vermiss ich trotzdem."

Es entsteht ein unterhaltsames und tiefsinniges Gespräch. Cash teilt mit Bono auch die Leidenschaft für den Glauben. Wie er bekennt Bono sich offen zum Christentum – was in der Rockmusik-Welt, in der er mit der Band „U2" unterwegs ist, noch schwieriger ist als in der Countrymusic-Szene. Auch die vielen Versuchungen, die sich im

Leben populärer Musiker auftun, kennt Bono. Im Nachgang beschreibt er Cash bewundernd: „Obwohl er tiefgläubig war, war er nie ein Frömmler, und vielleicht fühlten sich deshalb so viele zu ihm hingezogen. Gospelmusik hat eine Freude, die bei manchen Interpreten als sentimental rüberkommt, eine Anmut, die kitschig wirken kann, aber bei Johnny spürte man immer, dass die Engel bei den Teufeln um die Ecke wohnten. Johnny hatte sein Zelt vor den Pforten des Totenreichs aufgeschlagen. Er hat nicht für die Verdammten gesungen, er hat mit den Verdammten gesungen, und manchmal hatte man den Eindruck, dass er sich in deren Gesellschaft am wohlsten fühlte."

Das Treffen und die Persönlichkeit Johnny Cashs bleiben Bono in guter Erinnerung. Als er an einem Song über den biblischen „Prediger" arbeitet, kommt ihm Cash in den Sinn; er wäre ideal als Sänger. Das Lied nimmt die weise Frömmigkeit des namentlich nicht bekannten „Predigers" auf: „ein Geist, der noch nicht gefunden hat, was er sucht". Bono nennt den Song „The Wanderer", es wird „ein Gospelsong über Zweifel und Gewissheit, über die Reise, nicht so sehr über das Ziel". Der „Prediger" reist durch die Welt, schaut sich die Menschen an und zieht daraus seine Schlüsse über das Leben und den Glauben. Er stelle fest, „dass Sex, Drogen, Geld und Ruhm nicht das Gelobte Land sind", fasst Bono die Botschaft des biblischen Buches (das auch „Kohelet" genannt wird) zusammen und bezieht sie dabei auch auf sein eigenes Leben. Noch besser passt die Geschichte jedoch zu Johnny Cash, dem „urtypischen Pilger, den seine Pilgerreise weit gebracht hat".

Bono bietet ihm den Song an. Cash sagt zu geht mit U2 ins Studio. Der Song erscheint auf der U2-CD „Zooropa" und wird von den Fans mit Erstaunen aufgenommen. Johnny Cash hat mal wieder Grenzen überwunden. Auf dem U2-typischen rockigen Fundament singt er einen Text, der wie seine eigene Geschichte klingt. Auf seiner Wanderung „mit der Bibel und einer Waffe" erlebte er viele schlimme Dinge: seelenlose Städte, Tod, Heuchelei, Umweltverschmutzung und Unterdrückung. Bemerkenswert: Der „Wanderer" kommt auch an einer Kirche vorbei, in der die Menschen das Himmelreich herbeiwünschen – aber Gott bitteschön nicht dabei haben wollen. Der Weg des „Wanderers" ist der Weg zu Jesus, zu einem „Geist, der sich nicht beugen oder brechen würde, der zur Rechten des Vaters sitzen würde", erklärt Bono. Kritiker unken, bewundern aber zugleich, dass U2 „das Image von Johnny Cash auf eine [...] provokative Art und Weise geschickt ausgenutzt" habe.

Bono nennt „Gründe, warum man Johnny Cash lieben muss". Dazu zählen: „Er hat ‚I Walk the Line' geschrieben und härter mit dem Schicksal gerungen als die meisten." – „Trotz seiner 1,85 hat er nie auf jemanden herabgeblickt." Und: „Jesus Christus hat dieselben Initialen."

Jesus wird für Johnny Cash immer wichtiger. Was er seinem Körper all die Jahre zugemutet hat, fordert weiteren Tribut. Inzwischen hat Cash in einem Krankenhaus in der Nähe seines Hauses sogar ein Apartment gemietet, in dem er während der Klinikaufenthalte lebt.

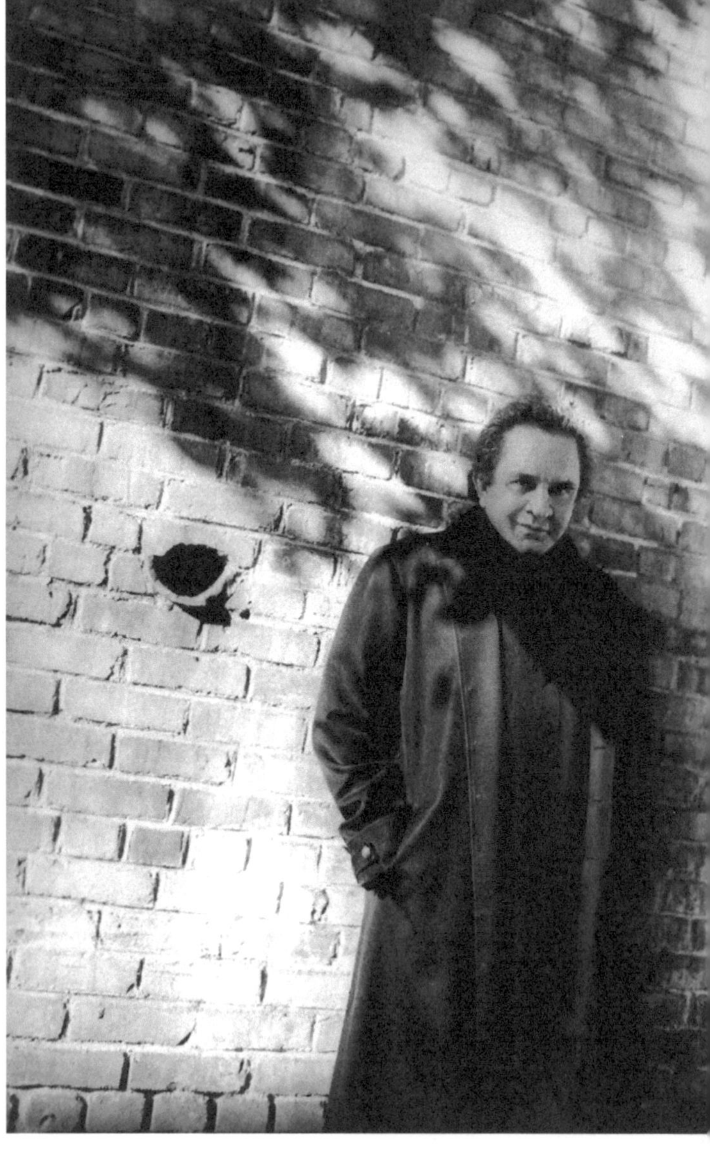

7

Schmerz

Mit alterswunder Stimme in den Olymp

Rick Rubin gehört zu den großen und einflussreichen Produzenten der Musikszene. Punk, Pop, Indie, Rap, HipHop, Hardrock: Der Mann mit dem eindrücklichen Rauschebart ist ein genialer Produzent und Garant für erfolgreiche Musiktitel. Die „Beastie Boys", „Slayer", die „Red Hot Chili Peppers", Mick Jagger und Tom Petty hat er bereits in die Charts gebracht; ein eigenes Label ermöglicht ihm weitgehende Unabhängigkeit von den großen Plattenkonzernen. Anfang der 1990er-Jahre sucht Rubin neue Herausforderungen. „Ich habe überlegt, wer wirklich zu den Großen zählt, aber einfach keine großartigen Alben mehr macht", erzählt er: „Johnny war der erste große Künstler, der mir in den Sinn kam. Er ist ein einzigartiger Typ, eine Art eigene Naturgewalt."

Rubin weiß um Cashs gesundheitliche Probleme; auch ist ihm nicht entgangen, dass der ehemalige Superstar seit Jahren keine guten Alben mehr veröffentlicht hat. Er hält Cash für „einen der ganz großen Künstler, der im Moment nicht seine beste Arbeit abliefert". Rubin besucht einige seiner Konzerte. In Santa Ana lernt er ihn im Februar 1993 persönlich kennen. Cash wundert sich: Was dieser Produzent aus einem anderen Genre denn überhaupt von ihm möchte?! Rubin erklärt, er wolle ihn für sein Label unter Vertrag nehmen. „Und was willst du mit mir machen?", fragt Cash. „Ich möchte, dass du das machst, was sich für dich richtig anfühlt!", antwortet Rubin. Und dass er viel Zeit und viel Geld in eine neue Produktion mit ihm stecken wolle, der Werbe-Etat sei quasi unbegrenzt.

Cash überlegt. Macht er weiter wie bisher, wird ihm kein großer Erfolg mehr gelingen. Rubins Angebot anzunehmen, wäre kein Risiko; es könnte nur besser werden, schließlich reicht Rubins Netzwerk viel weiter als das seine. Womöglich könnte ihm die Zusammenarbeit sogar jüngere Hörer bringen. Für Cash ist Rubin „der ultimative Hippie", mit seiner Frisur und seinen „Klamotten" sehe er aus wie ein „Penner". Dennoch: Das erste Gespräch fühlte sich gut an. Cash sagt zu.

Im Mai besucht er Rubin in dessen Wohnung in Los Angeles. In den folgenden drei Tagen entdecken die beiden Gemeinsamkeiten – nicht nur, was die Musik betrifft, sondern auch spirituell. Rick Rubin ist in einer jüdischen Familie aufgewachsen, Cash christlich. Beide kennen also die Erzählungen der Bibel, die Befreiungsgeschichten und das Gelobte Land, die Psalmen, die Propheten, die Zehn Gebote. Sie sitzen nicht im Studio, sondern in Rubins Wohnzimmer. Er bittet John, einige seiner Lieblingssongs zu singen, einfach so – und ist beeindruckt von Cashs tiefer, prägnanter Stimme. Sie ist gereift und trägt die vielen Wunden seines Lebens in sich. Sie klingt wahrhaftig. Rubins Idee: Cash könnte Songs anderer singen, die diese Wahrhaftigkeit auch in sich tragen. Cashs Stimme könnte ihnen noch mehr Tiefe verleihen. Sie gehen die Sache an. Viele Songs fallen den beiden ein. Einige spielen sie nur an, andere setzen sich fest. An die 100 Songs nehmen sie auf – nur Stimme und Gitarre. Blues, Gospel, Country-Songs. Cash ist verwundert: So hat er noch nie im Studio gearbeitet. Weder hat er jemals so viel Zeit in die Produktion gesteckt, noch saß er sonst quasi allein mit der Gitarre vor dem Mikrofon. Nach dreißig Tagen ist alles auf Demo-Tapes aufgenommen – ohne viel technische Finesse auf einem DAT-Recorder.

Um die besten dieser Songs für das Album aufzunehmen, gehen sie ins Studio. Doch beim Abhören meinen beide: Die Demo-Tapes aus dem Wohnzimmer klingen authentischer und intimer! Cash überlegt, ob sie wirklich veröffentlicht werden sollten. So ungeschönt, so ehrlich klangen bisher noch keine Aufnahmen von ihm. Schließlich gibt er sein Okay und geht voll ins Risiko: „Wenn die Leute das nicht mögen, dann steck ich wirklich in Schwierigkeiten, denn das bin wirklich ich."

Wieder da

Durch die Arbeit mit Rubin hat Cash sein Selbstbewusstsein wiedergefunden. Da ist einer, der ihn wertschätzt und weiter an seine Qualitäten als Musiker glaubt. Rubin ist so angetan von den Songs, dass er mit viel Engagement das Comeback des Johnny Cash vorbereitet. Wenn der alte Star neues Publikum finden soll, sind außergewöhnliche Aktionen erforderlich. Eine findet im Dezember 1993 statt. Rubin mietet den „Viper Room", einen legendären Nachtclub am Sunset Boulevard in Hollywood. Dort finden bisweilen auch hochkarätige Konzerte statt. Die Atmosphäre ist elektrisierend; nur 250 Menschen passen hinein, für Cashs ersten Auftritt mit den neuen Songs ist das ideal. Er ist nervös. Er soll allein auftreten, ohne Band. Im Saal herrscht absolute Stille, als er beginnt. Beim zweiten Stück weicht seine Anspannung langsam. „Er war eins mit der Musik, und es war wundervoll", sagt Rick Rubin nach dem Konzert.

John spürt, dass für ihn eine neue Schaffensphase beginnt. „Mir ist klar, dass ich 62 bin. Ich war schon zwei Mal wieder da, und jetzt sieht es so aus, als würde ich eine dritte Chance bei einem neuen Publikum bekommen. Wenn nicht, dann kriege ich immer noch irgendwo Arbeit", meint er mit seinem trockenen Cash-Humor.

Im November 1994 erscheint die CD endlich. Der Titel: „American Recordings". Auf dem Cover steht Cash in ungewohnt ikonenhafter Pose vor bewölktem Himmel. In einen schwarzen Mantel gekleidet, die Hände fast wie zu einer Segnung gewölbt, links und rechts von ihm zwei Hunde, wirkt er geheimnisvoll. Darüber in vier großen Lettern: CASH. 13 Songs sind zu hören. Fünf davon stammen von ihm, die anderen sind gecovert. Die meisten wurden in Rubins Wohnzimmer aufgenommen; zwei sind Live-Versionen aus dem Konzert im „Viper Club".

Die Fans wundern sich. Sie hören ungewohnte Songs und einen ungewohnten Sound von ihrem Star. Zum Beispiel „The Beast in Me". Den hatte Songwriter Nick Lowe schon 1979 für Cash geschrieben. Damals war er sein

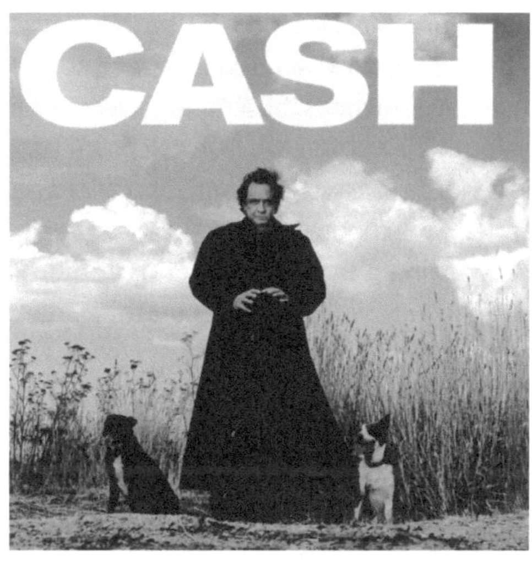

Schwiegersohn; er kannte Cash gut. Johns inneres Ringen um ein Gleichgewicht zwischen Gut und Böse kleidete er in ehrliche Worte. Der Song wirkt wie ein Gebet um Hilfe für das innere „Biest", das rumort und sich nach Freiheit sehnt. „Das Biest in mir ist nur durch dünne, zerbrechliche Stäbe weggesperrt – am Tag unruhig, schimpft und wütet es nachts die Sterne an. Gott, hilf dem Biest in mir!", singt Cash und empfindet Mitleid mit diesem Wesen: „Das Biest in mir musste lernen, mit Schmerzen umzugehen." Auch kennt er das Manipulationsgeschick dieser inneren Macht: „Manchmal macht es mir vor, es sei nur ein Teddybär. [...] Dann muss ich vorsichtig sein."

Ein zweites Gebetslied ist enthalten: „Why Me Lord" stammt von Kris Kristofferson. „Warum ich, Gott – was habe ich jemals getan, um auch nur eine deiner Segnungen zu verdienen?" Wieder bittet Cash um himmlischen Beistand: „Hilf mir, Jesus, meine Seele ist in deiner Hand!"

Mit „Oh, Bury Me Not" nimmt Cash einen Titel des Country-Urgesteins Jimmie Rodgers auf, der die Hoffnung eines einsamen Cowboys beschreibt, nicht allein in der Prärie bestattet zu werden, wo sein Leichnam von Kojoten zerfleddert würde. Cash stellt dem Song allerdings ein eigenes langes Sprechgesang-Intro voran, in dem er Gott für einiges in seinem Leben dankt – vor allem dafür, dass er seine Freiheit „so vollständig gemacht" habe. „Ich bin manchmal nachlässig, Herr", klagt er sich selbst an, „aber lass sie niemals sagen, ich sei gemein oder klein." „Du kanntest mich besser als meine Mutter", beteuert Cash und bittet Gott, er möge weiterhin ein Auge auf ihn haben und ihn auf dem „langen, düsteren Pfad" sicher führen.

Auch einen Song des kanadischen Songwriter-Poeten Leonard Cohen interpretiert Cash auf seine Weise. „Like a Bird on a Wire" klingt wie eine Lebensbilanz: „Wie ein Vogel auf einem Drahtseil habe ich auf meine Weise versucht, frei zu sein. [...] Sollte ich jemals unfreundlich gewesen sein, hoffe ich, dass du es übersiehst. Und wenn ich je untreu gewesen sein sollte – dann hoffe ich, dass du weißt: Es war nie gegen dich gerichtet!" Wer ist es, bei dem Cash sich hier entschuldigt – Gott oder ein Mensch?

Ein Cash-Album ohne Eisenbahn-Symbolik ist schwer vorstellbar. „Down There by the Train" beschreibt einen Ort, an dem die Züge langsam fahren. Dort würden „die Sünder im Blut des Lammes gewaschen" und Gnade erfahren. „Redemption" geht noch einen Schritt weiter in diese Richtung. Den mystisch wabernden Gospelsong hat Cash selbst geschrieben. Das „Blut Christi", das bei der Kreuzigung aus seinen Wunden geflossen sei, würde den „Baum des Lebens" zum Wachsen bringen und den Gefangenen die Erlösung, heißt es da. Außerdem ist vom „alten Freund Luzifer" die Rede, der den Sänger in Ketten zu legen versuche; „aber ich habe die Tricks durchschaut von 6-66", spielt er selbstbewusst auf die biblische Zahl des Teufels an.

Durch die besondere Aufnahmeatmosphäre, die reduzierte Begleitung und Cashs vom Leben zernarbte Stimme setzt sich „American Recordings" von all seinen anderen Alben deutlich ab. Wer diese Songs hört, dem wird klar: Cash is back – und zwar ganz anders und viel besser als gedacht. Er lässt die Menschen an inneren Kämpfen, an Lebenseinsichten und an seinem Altern teilhaben. Er schenkt ihnen unverblümte Einsichten. Statt Boom-Chicka-Boom ist minimalistische Musik zu hören, die dem Leben auf den Nerv fühlt. Das Album wird dem legendären Status Cashs gerecht, ist aber trotzdem zeitgemäß. „Kein Album" zeige „den Man in Black deutlicher, dunkler und mehr auf der Höhe seiner Kunst", schreibt ein Journalist. Mit Rick Rubins Hilfe hat Cash geschafft, was niemand – er selbst am wenigstens – zu hoffen gewagt hatte: Er ist wieder in aller Munde und Ohren.

Auch die Musikkritiker stehen staunend vor dem unerwarteten Alterswerk. „Cash fand in Rick Rubin seinen Nobody, der in ihm viel mehr sah als eine gealterte Country-Legende oder einen angeschossenen Sänger: einen Heilsbringer nämlich, einen Poeten!", schreibt Maik Brüggemeyer im „Rolling Stone": „Direkter hatte mich bis dahin noch kein Album getroffen."

„American Recordings" steigt in die Charts ein, allein in den USA werden mehr als 500 000 Exemplare verkauft.

1995 wird es als „bestes zeitgenössisches Folk-Album" mit einem Grammy geehrt.

The Eye of the Prophet

Cashs Freude über den Erfolg wird von neuen gesundheitlichen Einschränkungen überschattet. Das Herz macht Probleme, Lungenentzündungen schwächen ihn. Inmitten seiner Leiden wird Produzent Rick Rubin ihm ein Freund und Vertrauter. Bei den Sessions reden die beiden auch über Privates und über Glaubensthemen. Eines Tages eröffnet John Rubin, dass er die Gedanken des spirituellen Schriftstellers Khalil Gibran außerordentlich schätzt. Sobald er Zeit habe, wolle er eines der Bücher Gibrans, „The Eye of the Prophet", für ein Hörbuch einsprechen. „Ich liebe es", schwärmt er. Beim Lesen seiner Texte merke man sofort, wie „gereift" und „weitgereist" Gibran sei. Sie seien sehr spirituell, Gibran kritisiere darin aber auch die „Heuchelei der Priester", die sich zu sehr von weltlichen Dingen betören lassen und Sünden auf sich laden: Aber „sonntagmorgens streicheln sie dir über den Kopf und sagen: ‚Gott segne dich, mein Kind.'" Auch die hoffnungsvollen Texte Gibrans über das Leben im kriegszermürbten Libanon findet Cash „grandios". Am nächsten Tag will er Rubin das Buch mitbringen.

Das ist erstaunlich: Johnny Cash, der mit dem bibelstrengen Billy Graham auf Missions-„Kreuzzügen" gewesen ist, „liebt" Khalil Gibran – also einen Poeten, der in wunderschönen Worten darlegte: Nicht nur eine, sondern alle Religionen verkündigen Wahrheiten des Glaubens. Sein 1923 erschienenes Hauptwerk „Der Prophet" genoss seit den 1960er-Jahren in der US-Alternativszene Kultstatus. Dem libanesisch-amerikanischen Autor ging es zeitlebens nicht um Abgrenzung, sondern um das Wesentliche des Menschseins: die Liebe, Spiritualität, Leben und Tod. Er war ein Brückenbauer zwischen der arabischen und der westlichen Kultur, aber auch zwischen Christentum, Islam und fernöstlichen Religionen.

Dass ausgerechnet der von eher enger evangelikaler Frömmigkeit geprägte Johnny Cash von der Spiritualität Khalil Gibrans so fasziniert war, dürfte viele Menschen verwundert haben. Von Elvis Presley, der schon 1977 starb, war bekannt, dass er ein großer Verehrer Gibrans war, sogar viele seiner Texte auswendig kannte. Aber Cash?!

Seit Mitte der 1960er-Jahre habe sein Vater immer ein Buch Gibrans in seiner Nähe gehabt, weiß Johnnys Sohn John Carter Cash zu berichten: „Er und meine Mutter verbanden sich auch über dieses Buch und seinen spirituellen Inhalt." Wahrscheinlich schätzten die beiden auch den Text „Von der Liebe", in dem Gibran deren Ambivalenz beschreibt: „Wenn die Liebe wirkt, folge ihr, sind ihre Wege auch schwer und steil. Und wenn ihre Flügel dich umhüllen, gib dich ihr hin, auch wenn das unterm Gefieder versteckte Schwert dich verwunden kann. Und wenn sie zu dir spricht, glaube an sie, auch wenn ihre Stimme deine Träume zerschmettern kann, wie der Nordwind den Garten verwüstet. Denn so, wie die Liebe dich krönt, kreuzigt sie dich."

Tatsächlich spricht Cash eine Auswahl der vielen kurzen Texte aus „The Eye of the Prophet" als Hörbuch ein. „Johnny Cash hat eine große Vorliebe für Gibrans Arbeit", ist auf dem Cover der Cassette zu lesen, er stimme „mit dem Herausgeber darin überein, dass diese Textauswahl zu Gibrans besten Büchern gehört".

Man muss sich erst etwas daran gewöhnen, dass diese Stimme, die sonst in strammer Manier biblisch-christliche Glaubenssätze besingt, nun spirituelle Poesie vorträgt. „Musik ist das Echo des ersten Kusses, den Adam auf Evas Lippen gab. Und seitdem bringt dieses Echo Freude, in die Finger beim Spielen und in die Ohren beim Zuhören [...]. O göttliche Musik! Wir schmiegen unser Herz und unsere Seele eng an dich. Du lehrst uns, mit unseren Ohren zu sehen und mit unserem Herzen zu hören", liest Cash: Jesus „kam, um der Luft dieser Erde einen ebenso mächtigen wie neuen Geist einzuhauchen".

Cash findet bei Gibran Sätze, denen er als Christ ganz zustimmen kann, die er aber in solchen Formulierungen wohl sonst nie ausgesprochen hätte: „Ein Wort des Mitgefühls, das an einen Verbrecher oder eine Prostituierte gerichtet ist, ist edler als das lange und bedeutungslose Gebet, das wir jeden Tag in den Tempeln wiederholen." Und: „Ist der Glaube nicht der Sinn des Herzens, wie das Sehen der Sinn des Auges ist?"

Die Texte Gibrans, die nichtchristliche Religionen auf eine Stufe mit dem Christentum stellen, lässt Cash allerdings aus. „Die verschiedenen Pfade der Religion repräsentieren die verschiedenen Finger der einzigen liebevollen Hand des Höchsten Wesens"?!? Wie lässt sich das denn mit der Aussage Jesu vereinbaren, dass er und sonst keiner *der* Weg zu Gott sei?

Produzent Rick Rubin denkt lange über die unvermutete Nähe Cashs zu Gibran nach. Im Jahr 2003, zwei Monate nach Cashs Tod, veröffentlicht er die CD „Unearthed".

Zwischen den vielen bisher unveröffentlichten Aufnahmen der Sessions zu „American Recordings" findet sich Cashs zweiminütiger Lobpreis des Schriftstellers Khalil Gibran. Dieser Monolog gehöre „zu den eigenartigsten Dokumenten der Popkultur", meint der renommierte Literaturkritiker Dennis Scheck und vermutet, dass sich Gibrans Gedanken bisher unentdeckt auch in Cash-Songs wiederfinden: „Wer sich schon einmal dabei ertappt hat, länger über die Unauslotbarkeit einiger Verse in Johnny Cash-Songs nachzugrübeln, etwa über die eigenartige Verquickung von Eisenbahnromantik mit judäo-christlicher Eschatologie, ist bei Khalil Gibran an der richtigen Adresse" (WELT, 20.9.2017).

Erfolgreich und mit sich im Reinen

Cashs Leidenschaft gehört weiterhin der Musik. Seine Kräfte schwinden zusehends, das sieht auch Rick Rubin. Er richtet eine kleine Blockhütte in der Nähe von Cashs Haus in Hendersonville als Studio ein. Hier, in der „Cash Cabin", sollen die Aufnahmen für weitere „American Recordings" entstehen. Nicht nur, weil es sich wirtschaftlich lohnt, sondern vor allem, weil Cash noch so viele Gefühle und Gedanken hat, die er in die Welt bringen will. Außerdem gibt es so viele weitere Lieder anderer, die er gerne singen möchte: Lieder, die die Schönheit und die Dramatik des Lebens mit all seinen Freuden und Leiden ausdrücken, so wie Cash es selbst empfindet. Lieder, denen er mit seiner Stimme und mit der Kreativität von Produzent Rick Rubin zu neuer Intensität verhelfen kann. Aber auch die Lust am Schreiben eigener Songs ist wieder erwacht.

Von nun an sind allerdings nicht mehr nur Cash und seine Gitarre zu hören; Top-Musiker bereichern die Sounds der Songs. Und: Diesmal sind auch beschwingte Lieder dabei. So der Klassiker „Memories Are Made of This". 1955 hatte Dean Martin diesen Song zum Hit gemacht. Der gebeutelte Johnny Cash singt ihn mit beachtlicher Frische – und wendet sich dann wieder dem Thema Tod zu. Das dunkle „Spiritual", geschrieben vom Musiker Josh Haden, ist ganz nach Cashs Geschmack: „Jesus, ich möchte nicht allein sterben [...]. Alles, was ich habe, bist du. Ich weiß, ich habe gesündigt!" Aber er ist gewiss: „All meine Sorgen und mein Schmerz werden mich einst verlassen."

Mit „Meet Me in Heaven" ist Cash ein ungewöhnlicher Gospel gelungen: ein Liebeslied, in dem er sich sicher zeigt, dass er seine Geliebte nach wundervoller Erdenzeit einst im Himmel wiedertreffen wird. Auch einen volkstümlichen Song der Carter-Family nimmt er auf. „Kneeling Drunkards Plea" erzählt die Geschichte eines „knienden Trunkenbolds", der nicht versäumt, das Grab seiner Mutter zu besuchen. „Herr, erbarme dich meiner", betet er dort, wird von Gott erhört und trifft tatsächlich seine Mutter im Himmel wieder. Erstmals covert Cash auch das Lied einer Musikerin. Jude Johnston hatte mit ihrem Song „Unchained" („Entfesselt") Cashs Herz erreicht: „Ich bin schwach, ich bin eitel. Nimm diese Last von mir, lass meinen Geist entfesselt sein!"

Als das Album „Unchained" im November 1996 erscheint, wird klar: Es ist kein Abklatsch des vorherigen, sondern eine Fortentwicklung. Cashs Lebensenergien sind offensichtlich geweckt – auch wenn er sich auf dem Cover erstmals mit grauen Haaren zeigt. Mit großem Selbstbewusstsein überschreitet er wieder die Grenzen der Musikgenres. Die klassischen Country-Radiosender allerdings fühlen sich von ihrem einstigen Superstar verlassen. Sie ignorieren die neuen Songs. Im inzwischen entstandenen gefälligen Nashville-Mainstream wirken sie wie Störfaktoren.

Die Kritiker allerdings jubeln. „Unchained" erhält den Grammy für das beste Country-Album. Cash und Rubin freuen sich und hecken einen Plan aus. Beim Auftritt im Gefängnis San Quentin war ein Foto entstanden, auf dem Cash den Mittelfinger zeigt – eine für den sonst stets höflich auftretenden Cash ungewöhnliche Geste. Daraus basteln die beiden eine Anzeige, die ganzseitig im Musik-Magazin „Billboard" erscheint: ein deutlicher Kommentar zur vermeintlichen Macht der renommierten Country-Szene.

John staunt über die immer größeren Ehrenbekundungen. Im Dezember 1996 erhält er den „Kennedy-Preis", in den USA die wohl renommierteste Auszeichnung für Künstler. Laudator Al Gore, US-Vizepräsident, lobt Cashs „Poesie des einfachen Mannes. [...] Mit Worten und Musik hat er fast ein halbes Jahrhundert lang die Stimmungen, die Gedanken und den Kampf der amerikanischen Arbeiterschaft – der Farmer, der Trucker, der Fabrikarbeiter – gekonnt eingefangen."

Der Erfolg lässt Cash keine Ruhe. Die Kraft reicht noch für eine Europa-Tournee. Auch die Ideen für weitere Aufnahmen gehen nicht aus. Außerdem erscheint nun seine zweite Biografie. „Seit er in den Fünfzigern als Erster die Ketten gesellschaftlicher Konventionen sprengte, ein finsterer, leidenschaftlicher und gefährlicher Rebell, hat er uns in seinem lebenslangen mutigen Kampf gegen öffentliches Unrecht und private Dämonen immer wieder seinen Humor, seinen Esprit und seine Moral bewiesen und ist dabei zu einer Legende geworden – jenseits all dessen, was sich der Landjunge aus Arkansas einst in seinen kühnsten Träumen vorstellte", schreibt Kris Kristofferson im Vorwort.

In dem Buch gewährt Cash Einblick in seine Gedankenwelt und seinen gesundheitlichen Zustand. Er leide unter dem unheilbaren Shy-Drager-Syndrom, einer Nervenkrankheit, die parkinsonähnliche Symptome zeigt. Trotz der Ungewissheit über den Krankheitsverlauf habe er keine Angst vor dem Tod, schreibt er: „Ich bin mit mir und meinem Gott vollkommen im Reinen. Ich akzeptiere diese Krankheit, weil sie Gottes Wille ist. Er ist es, der in meinem Leben wirkt. Und wenn er meint, dass die Zeit gekommen ist, mich von dieser Welt zu nehmen, dann werde ich wieder mit einigen lieben Menschen vereinigt sein, die ich lange nicht gesehen habe [...]. Ich bereue nichts, bin befreit von Schuld und hege keinen Groll gegen andere."

Song um Song

Wenn es seine Kräfte zulassen, geht John in die „Cash Cabin" und nimmt Songs auf – manchmal an mehreren aufeinanderfolgenden Tagen. An anderen ist er zu schwach. Im Jahr 2000 erscheint „Solitary Man" („Einsamer Mann"), benannt nach dem Song von Neil Diamond, den Cash ebenfalls gecovert hat. Weitere herausragende Songs sind enthalten. Auch einer von Bono: „One" beschreibt die Unmöglichkeit einer Versöhnung, solange sich die Beteiligten in Überheblichkeit einigeln und das auch noch mit religiöser Inbrunst und dem Verweis auf Liebe tun: „Bist du hergekommen, um Jesus zu spielen?" „Du sagst, Liebe sei ein Tempel", meint einer der Streitenden, „du bittest mich einzutreten, dann muss ich kriechen." Obwohl sie missbraucht werden kann, appelliert der Song an die Liebe, die zwar nicht alle Unterschiede einebnet, wohl aber überwindet.

„The Mercy Seat" ist ebenfalls tiefgründig: Die Themen Gefängnis, Tod und Ausweglosigkeit und viele Bezüge zur Bibel hatte Nick Cave 1988 in das Lied einfließen lassen. Der Titel „Gnadenstuhl" bezieht sich sowohl auf den elektrischen Stuhl als auch auf den Deckel der Bundeslade, eines legendären Kultgegenstands der Israeliten, auf dem zwei Engel den Thron Gottes bewachen. Der Song schildert das Schicksal eines zu Unrecht zum Tode Verurteilten. Der fromme Mann sucht Gott auch in der ausweglosen Situation: In seiner Suppe erkennt er das Gesicht Jesu, die Knochen ragen aus dem Teller heraus. Das wirkt wie ein Hinweis auf das letzte Abendmahl vor der Passion Jesu, die mit seinem Tod am Kreuz endete. „Der Gnadenstuhl wartet", so blickt der Gefangene seinem Schicksal ins Auge, „ich habe die Wahrheit gesagt und keine Angst zu sterben!" In Jesus erkennt er einen spirituellen Verbündeten: „Wie ein zerlumpter Hergelaufener starb er am Kreuz." Dann beschreibt er den goldenen Thron Gottes im Himmel, vor dem das, was wirklich geschah, offenbar werde. Immer unverhohlener führt er sich die Brutalität der Hinrichtung vor Augen. Doch wenn er schließlich auf den brennenden elektrischen Stuhl klettere und die Stromdrähte an seinen rasierten Kopf angeschlossen würden, werde er gewiss sein: Gott ist nah. Im Todeskampf tröste ihn, dass das Verdrehen der Wahrheit dann endlich ein Ende habe. – Gegen den Skandal der Todesstrafe trat Cash zeitlebens an. Indem er diesen Song aufgreift, weist er auch auf die spirituelle Dimension des Themas hin: Das unbarmherzig interpretierte biblische Prinzip „Auge um Auge, Zahn um Zahn" dämmt Hass und Leid kaum ein und kann auch Unschuldige treffen. Umso wichtiger wird die Hoffnung auf Gottes Gnade für alle, die sich in menschliche Abgründe verstrickt sehen. Die drastischen Bilder des Songs rütteln umso mehr auf, als sie wohl auch ein Licht darauf werfen, wie Cash sich das Sterben vorstellt.

„Would You Lay With Me (In A Field of Stone)" klingt wie eine sanfte Fortführung der Gedanken des Todeskandidaten: „Würdest du bei mir liegen, wenn meine Not am stärksten ist?", fragt der Sänger: „Würdest du meine Lippen benetzen, wenn sie trocken sind, würdest du das Blut von meiner sterbenden Hand wischen?" Auch dieser Song, 1973 erstmals von Countrysängerin Tanya Tucker gesungen, lässt die Frage offen, ob sich hier jemand im Angesicht des Todes an einen anderen Menschen oder an Gott wendet.

Mit „Wayfaring Stranger" nimmt Cash einen bekannten Gospelsong auf: „Ich bin nur ein armer wandernder Fremder, der durch diese Welt reist." Das Leben als Reise in ein Land jenseits des Jordans, wo man die bereits Verstorbenen wiedersieht – das trifft Cashs Lebensgefühl und Glaubenshoffnung. In dieser Haltung kann er dem Tod getrost entgegenblicken.

Doch er ist noch lange nicht bereit, aufzuhören. Zwar plagt ihn eine schwere Lungenentzündung – wieder muss er ins Krankenhaus – und auch June hat große gesundheitliche Probleme, sie bekommt einen Herzschrittmacher. Außerdem kämpft Cash mit den Folgen einer schweren Diabetes. Doch sobald sich gute Tage ergeben, nimmt er weitere Songs auf.

Eine neue – die vierte – CD der „American"-Reihe erscheint im November 2002. Mit „The Man Comes Around" verblüfft Cash erneut alle, die ihn schon am Ende gesehen haben. Der Song kreist um ein Thema, zu dem er bereits mehrere Lieder gesungen hat: die Wiederkunft Jesu Christi, wie sie im letzten Buch der Bibel, der Offenbarung des Johannes, eindrücklich und in furchterregenden Bildern beschrieben wird. Einige der Bilder übernimmt Cash und reichert sie mit einer Rahmenstory an, die so nicht in der Bibel steht: Ein Mann – offensichtlich Jesus – gehe umher und notiere die Namen der Menschen, dann entscheide er, wer erlöst werden soll und wer verworfen. Cash wechselt in die persönliche Anrede: „Wirst du den letzten Kelch annehmen oder wirst du verschwinden in der Erde des Töpfers" (womit der Schöpfergott gemeint ist)? Trompeten würden erschallen, hundert Millionen würden singen und zu den Schlägen einer riesigen Pauke marschieren. Die poetisch-apokalyptischen Bilder, die Cash entwirft, fügen sich nahtlos in die der biblischen Offenbarung ein: „Stimmen rufen, Stimmen weinen [...], Jungfrauen trimmen ihre Dochte." Der Sturmwind wird durch den Dornbusch fegen, dann wird der „Hühner-Vater seine Hühner nach Hause rufen" und die Weisen werden sich vor dem Thron Gottes verneigen. Und wenn die letzte Schlacht („Armageddon") ausgestanden ist, werde das „Königreich des Alpha und Omega" errichtet. Mit einer dunklen Vision beendet Cash seinen Song: „Ich hörte eine Stimme mitten unter den vier Tieren, und ich sah, siehe da: ein fahles Pferd. Und der Name dessen, der auf ihm saß, war Tod. Und die Hölle folgte ihm."

Zwei ganz unterschiedliche Welthits singt Cash: Die Folk-Ballade „Bridge Over Troubled Water" stammt vom Duo „Simon and Garfunkel". Paul Simon hatte sich von verschiedenen Quellen zu dem Lied inspirieren lassen: Die Zeile „I'll be your bridge over deep water if you trust in me" – „Ich werde deine Brücke über tiefes Wasser sein, wenn du mir vertraust", stammt aus dem alten Spiritual „Mary Don't You Weep". Als eine musikalische Inspirationsquelle gab Simon den Choral „O Haupt voll Blut und Wunden" von Johann Sebastian Bach an.

Von der Band „Depeche Mode" stammt der Song „Personal Jesus". Er handelt davon, dass Menschen einander so überhöhen können, dass sie im anderen fälschlicherweise Jesus sehen: „Dein eigener persönlicher Jesus, jemand, der deine Gebete erhört, jemand, der sich kümmert." Und er führt die Gefahr vor Augen, dass sich jemand zum Erlöser aufspielen kann. „Reach out and touch faith" – „Strecke die Hand aus und berühre den Glauben": Wenn das ein Mensch sagt, besteht Manipulationsverdacht, legt der Song nahe.

Bei sich angekommen

Als Rick Rubin Cash den Song „Hurt" („Schmerz") des Musikers und Komponisten Trent Reznor vorspielt, ist Cash zunächst skeptisch: Die Originalversion ist sehr kantig, schmerzhaft depressiv und dunkel. Nach einigen Tagen entscheidet sich Cash: Ja, auch diesen Song will er covern. Die Entscheidung lässt Rückschlüsse auf seinen eigenen Seelenzustand zu. „Ich habe mich heute verletzt, um zu sehen, ob ich noch etwas fühle", heißt es in dem Song: „Ich habe mich auf den Schmerz konzentriert, das Einzige, was wirklich ist." Dann bekommt das Lied etwas Gebetsartiges. „Was ist aus mir geworden, mein liebster Freund?", fragt der Sänger und sieht sich in der Rolle eines leidenden Gottesknechts, der eine Dornenkrone trägt. An dieser Stelle hat Cash ausnahmsweise in den originalen Songtext eingegriffen: „Crown of shit" ersetzt er durch „crown of thorns". „Du kannst alles haben, mein Königreich aus Schmutz", blickte Originalkomponist Reznor auf sein Leben zurück – und erkennt, worauf er sich stattdessen hätte konzentrieren sollen: „Könnte ich neu anfangen, eine Million Meilen entfernt, würde ich mich behalten – ich würde einen Weg finden."

Unter der Regie von Mark Romanek entsteht ein Video zu diesem Song. Es zeigt John von Krankheit und Alter gezeichnet im „House of Cash", einem damals bereits geschlossenen Museum zu seinem Leben und Werk. Während er vom Schmerz singt, sind Szenen aus dem halbleeren Museum und Bilder aus seinem Leben zu sehen. Die Schnitte werden immer schneller, Kinderbilder, Auftritte, Liebesszenen, Gefängnisbilder, die Kreuzigung Jesu aus Cashs „Gospel Road"-Film, dazwischen immer wieder das zerfurchte Gesichts Cashs und seine alte Hand, die die immer gleiche Klaviertaste anschlägt. Auch June ist da und schaut ihm zu. Am Ende ist Cashs Gesicht im Profil zu sehen – es wirkt alt, traurig und gleichzeitig lebenssatt.

Dann schließt er den Klavierdeckel und streicht darüber, als habe er trotz allem seinen Frieden gefunden mit dem, was war und was ist.

Das Video wirkt, als sei es tatsächlich mehr als reine Inszenierung. Hier scheint jemand nach all den Kämpfen und Schmerzen seines Lebens langsam bei sich selbst anzukommen. Das zieht Millionen Menschen in den Bann. Das Video erhält mehrere Auszeichnungen, darunter auch einen MTV-Video-Award. Der große Johnny Cash lässt die Menschen an seinem Leiden – und an seiner Hoffnung teilnehmen.

Rick Rubin ist besorgt um Cashs Gesundheit. Die Geschichte eines christlichen TV-Predigers geht ihm nicht aus dem Sinn: Der hatte erzählt, er sei nur durch ein tägliches Abendmahl von einer Krebserkrankung geheilt worden. Rubin erzählt Cash davon. John ist ebenfalls angetan und möchte es probieren. Im April sitzen Rubin und Cash vor dem Fernseher. Sie sehen, wie June den „Flameworthy"-Preis für John entgegennimmt – für das „Hurt"-Video. In dieser Stimmung beginnt Cash mit seiner ganz persönlichen Abendmahlsliturgie: Er spricht die Einsetzungsworte, dann teilt er mit dem Juden Rubin Cracker und Traubensaft. Das ist keineswegs als Entwürdigung einer heiligen Handlung gemeint. Das Ritual bedeutet ihnen viel, es gefällt den beiden und sie wollen es auch über die Entfernung am Telefon täglich fortführen. Wer weiß, vielleicht hilft es ja gegen Cashs Krankheiten?!

Doch bald ist Cash wieder allein mit seinem Schmerz. Mehrfach muss er in die Klinik. Und er erlebt mit, wie es auch June zusehends schlechter geht. Anfang Mai 2003 wird sie am Herzen operiert. Sie erholt sich nicht mehr und stirbt am 15. Mai. Zur Trauerfeier wird John im Rollstuhl gefahren; in der Kirche wird er gestützt und beugt sich zum Abschied über den offenen Sarg mit dem Leichnam seiner großen Liebe. Dann lässt er sich zurückfahren – und will am liebsten sofort weitere Songs aufnehmen. Die Musik könnte ihm Trost bringen.

Einige Woche später betritt Cash im „Carter Fold", einer legendären Musikhalle der Carter-Family in Virginia, noch einmal die Bühne. Die Zuschauer kann er schon nicht mehr sehen, so geschwächt ist sein Augenlicht. Man sieht ihm die große Kraftanstrengung an, mit der er sieben Songs singt.

Dann nimmt er weiter Songs auf. An jedem Tag, an dem die Kräfte reichen, lässt er sich in die „Cash Cabin" bringen. Er singt Songs, die um die Themen Tod und Ewigkeit kreisen. Zum Beispiel den gospeligen Folksong „Ain't no Grave". „Kein Grab gibt es, das meinen Leib halten kann"; „wenn ich die Trompeten höre, werde ich aus der Erde auferstehen!"

Der alte Folk-Gospel „God's Gonna Cut You Down" konfrontiert die Menschen ziemlich rabiat mit der Tatsache, dass am Ende weder Weglaufen noch Masken helfen: Wie schnell du auch läufst, hinter welchen Fassaden du dich auch zu verstecken versuchst – früher oder später wird Gott dich einholen und umhauen, denn „was im Dunkeln geschieht, wird ans Licht gebracht". Diese Erfahrung bleibe niemandem erspart – es sei denn, er falle auf die Knie und spreche „mit dem Mann aus Galiläa". Dann werde Jesus antworten und wir könnten Gnade erfahren.

Auch jenen Song, der Cash 1971 zu einer Erneuerung seines Glaubensversprechens gebracht hatte, nimmt er mit alterswunder Stimme auf: „Help Me".

Im selbstgeschriebenen Lied „I Come to Believe" schildert er in Kurzfassung seinen Glaubensweg. „Ich konnte die Probleme, die ich mir selbst auferlegte, nicht bewältigen", gesteht er sich ein, „und es machte es nur noch schlimmer, wenn ich sie jemand anderem aufbürdete." Als er nach Hilfe geschrien habe, habe er jedoch „einen warmen Tröster" wahrgenommen und begonnen, „an eine Macht zu glauben, die viel höher war als ich".

Ein weiterer eigener Song ist eine berückende Vertonung eines Paulus-Zitates. Schnörkellos verweist der Songtitel auf die Bibelstelle „1 Corinthians 15,55": „Tod, wo ist dein Stachel? Tod, wo ist dein Sieg?", schrieb Paulus einst an die christliche Gemeinde in Korinth und meint damit, dass Jesus den Tod überwunden hat und alle, die daran glauben, auf Vergebung und Auferstehung hoffen können. Diese Botschaft ist so zeitlos, dass Johnny Cash sie fast zweitausend Jahre später in die moderne Welt bringt und damit unzählige Menschen im Innersten rührt. Auch er hat offensichtlich die Angst vor dem Tod überwunden. Und er hält fest an der Hoffnung, von der er in vielen Songs gesungen hat: dass er nach dem Tod seinen Bruder, seine Eltern und seine Frau June wiedersehen wird.

Cash reichert den biblischen Paulus-Text mit eigenen Bildern an. „Rudere mein Schiff mit dem Feuer deines Atems und feuere noch keine Breitseite in dein Schiff" – das klingt wie die an Gott gerichtete Bitte, er möge Cash

Johnny Cash 1994

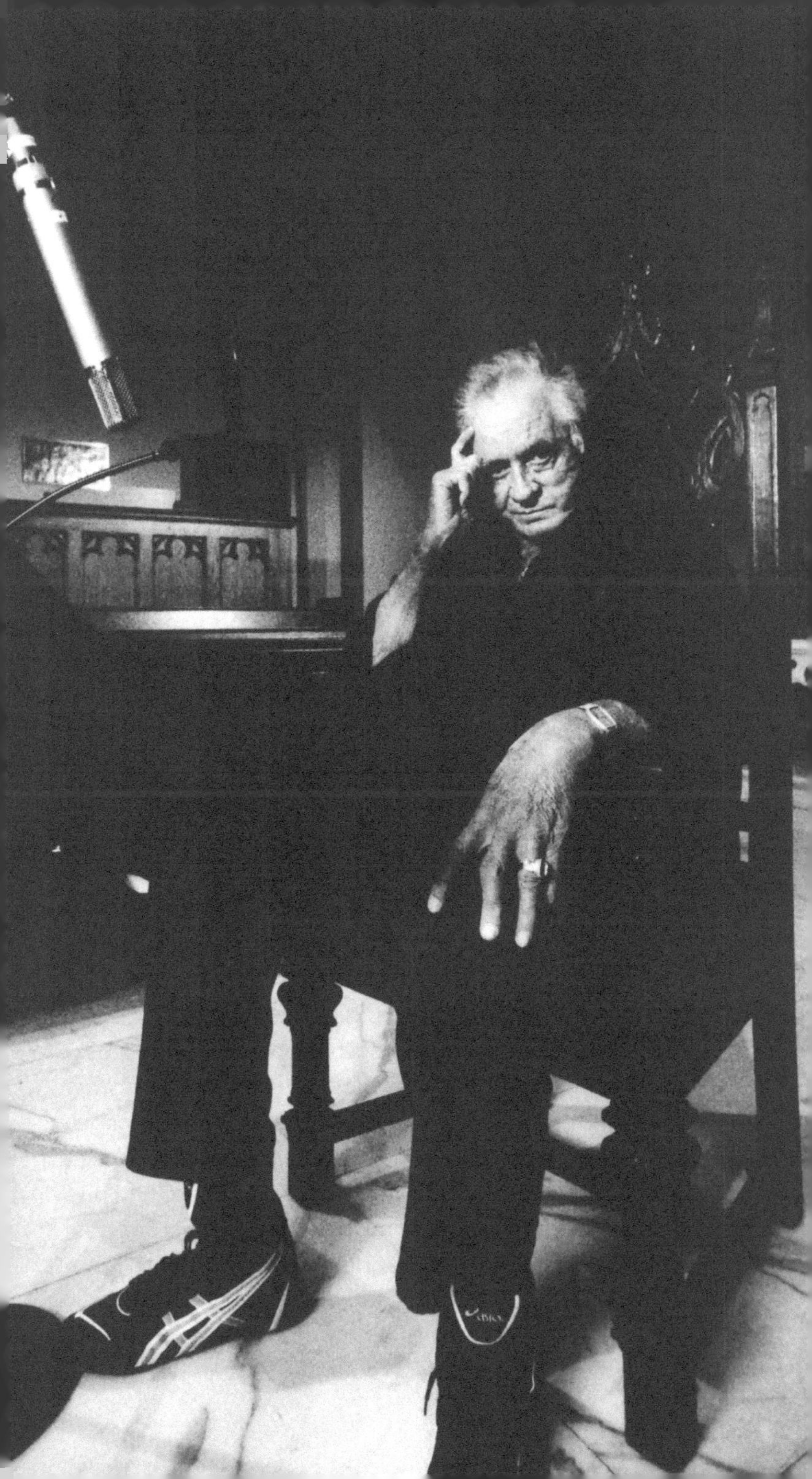

noch einige Zeit geben, um weitere Songs aufzunehmen. Dann aber bittet er trotzdem: „Lass mich einfach in deinen Hafen der Lichter segeln, um dort für immer meine Leine auszuwerfen."

In einem Interview erklärt Cash: „Ich erwarte, dass mein Leben bald zu Ende ist." Trotzdem scheint er auch hier zuversichtlich und mit sich im Reinen: „Ich habe einen unerschütterlichen Glauben, ich war nie wütend auf Gott, ich habe Gott nie den Rücken gekehrt, sozusagen. [...] Ich wusste, dass er mein Ratgeber ist, dass er meine Weisheit ist. All die guten Dinge in meinem Leben kommen von ihm."

Sich zu früh zu ergeben ist allerdings nicht Cashs Stil. „Wenn der Tod an die Tür klopft, musst du sofort nach deiner Schrotflinte greifen!", erklärt er, „und wenn du weißt, dass er vielleicht schon ganz in der Nähe ist, solltest du deine Zeit gut nutzen. Nicht länger aus dem Fenster auf den See hinausstarren, sondern anfangen, deine Geschichten zu erzählen."

Am 20. August bekommt er Besuch von einem deutschen Bekannten. Gunter Gabriel ist schon lange mit Cash in Kontakt, hatte ihn einige Male persönlich getroffen. Vieles verbindet die beiden: die Liebe zur Country-Musik und zu den „kleinen" Menschen, die Erfahrungen im Showbusiness, der Umgang mit Suchtproblemen, mit Liebeswirren – und mit dem öffentlichen Scheitern. Als Gunter Gabriel Cash sieht, trifft ihn der Anblick: „Dieser einst so stolze und starke Mann – was ist aus ihm geworden?! Diese 190 cm, diese 110 Kilo, diese schwarzen Haare und dieser Blues in seiner Stimme. Diese großartige Aura, sein Charisma – mein Gott!" Gabriel fasst Cashs Hand. Dann blickt er in seine Augen, „diese leuchtenden Augen“, und erkennt, dass da nicht nur Schwäche ist, sondern „dieses Licht und dieser Frieden“, die nur Menschen ausstrahlen, die sich bereits mit dem Tod versöhnt haben. „Dieser Mann, in der letzten Stunde seines Lebens, er war reich. Was für ein Leben hatte er gelebt!“, schildert Gabriel den Moment des Wiedersehens später.

Ein Geschenk hat Gabriel dabei: einen gläsernen Bierkrug aus Landsberg. Cash lächelt und sagt: „My first step in Germany.“ Den Bierkrug will er auf seinen Schreibtisch stellen als Stiftehalter.

Gabriel hat ein Projekt im Kopf: Er möchte Cash-Songs auf Deutsch singen. Gerne spricht Cash ein kurzes Intro dafür, das später auf der CD „Gabriel singt Cash“ zu hören sein wird: „Hello, I'm Johnny Cash. Please make welcome my friend Gunter Gabriel singing my songs from my American album.“

Als Cash aufstehen will, sagt er: „Bitte helft mir.“ Dann bewegt er sich mit der Gehhilfe langsam Richtung Verandatür. Gemeinsam mit dem Assistenten Andi fasst ihn Sohn John Carter Cash unter den Oberschenkeln und sie tragen ihn die Stufen zum Wagen hinab. „Ich konnte die Tragik und die Dramatik nicht ertragen“, gesteht Gunter Gabriel später, „ich setzte mich auf den Stuhl, auf dem er eben noch saß, und nahm seine Gitarre in die Hand. Und auf dem Griffbrett stand Johnny Cash.“ Ein Foto dokumentiert das Treffen: Cash trägt ein Jeanshemd; sein Gesicht ist von Krankheit und Alter zerfurchter denn je, doch er blickt stolz in die Kamera.

Am Tag nach Gabriels Besuch nimmt er „Engine 143“ auf. In der letzten Zeile des Songs heißt es: „Nearer, my

God, to thee" – „Näher, mein Gott zu dir!" Dies werden die letzten aufgenommenen Worte von Johnny Cash.

Eigentlich hatte er sich seinen Tod schöner vorgestellt. Am liebsten wäre es ihm gewesen, auf der Bühne zu sterben, „im vollen Rampenlicht", mitten in einem der Songs „Ring of Fire", „I Still Miss Someone" oder „Sunday Mornin' Comin' Down" – die Band hätte dann weiterspielen können – so hatte er es noch in seiner letzten Autobiografie geschrieben. Doch es kommt anders. Eine Bauchspeicheldrüsenentzündung schwächt ihn. Er wird in seinem Rollstuhl zusammengesackt gefunden. Ein Krankenwagen bringt ihn ins Baptist Hospital nach Nashville. In der Nacht zum 12. September sind Rosanne, Kathy und John Carter bei ihm und begleiten ihren Vater beim Sterben. Um 1.00 Uhr nachts schließt er seine Augen für immer.

Drei Tage später findet in der First Baptist Church in Hendersonville die Trauerfeier statt. Auf dem schwarzen Sarg liegt ein prächtiges Blumengesteck. Über 1000 Fans, viele Weggefährtinnen und Weggefährten aus der Musikszene und Politik erweisen ihm die letzte Ehre. „Ich kann mir eine Welt ohne Daddy einfach nicht vorstellen", sagt Cash-Tochter Rosanne, „Johnny Cash wird immer bei uns sein." Dann wird er neben June Carter auf dem Friedhof von Hendersonville bestattet, in einem schwarzen Sarg und ganz in der Nähe seiner Eltern Ray und Carry. Auf seinem Grabstein steht ein Psalmvers:

> „Lass dir wohlgefallen die Rede meines Mundes
> und das Gespräch meines Herzens vor dir,
> Herr, meine Stärke und mein Erlöser" (Psalm 19,14).

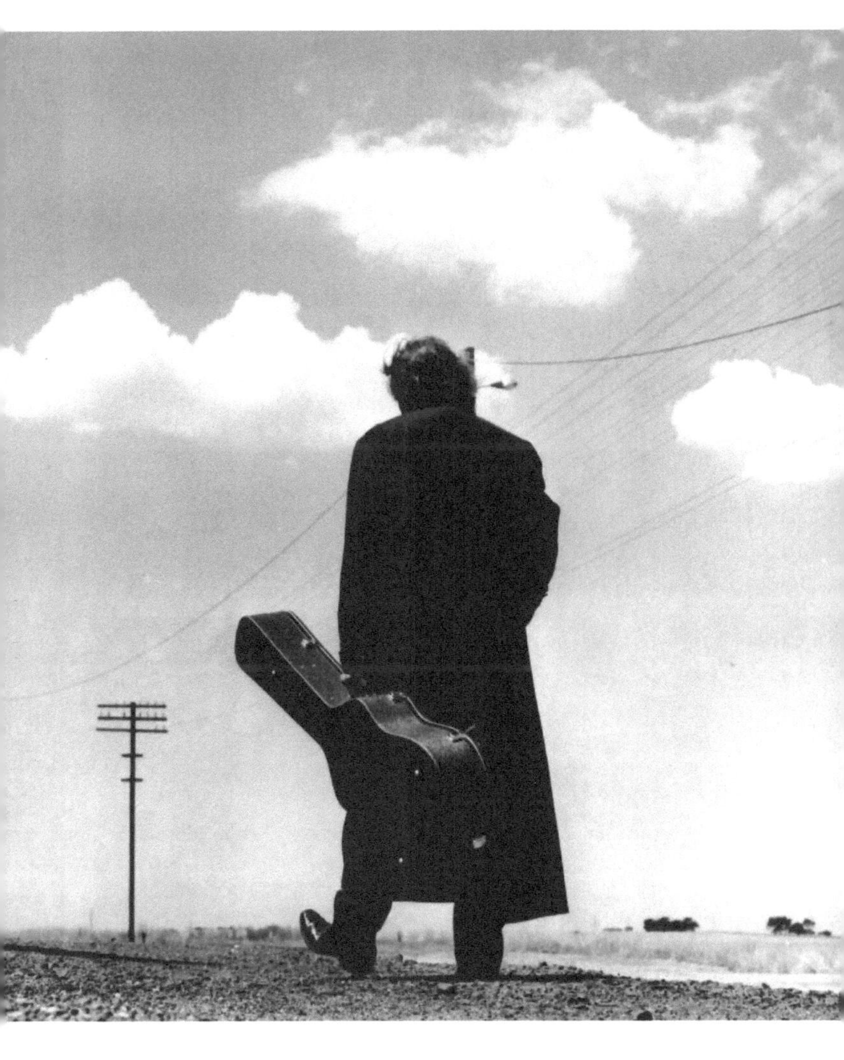

Oben und S. 150/151: Fotos der Aufnahme-Sessions zu den „American Recordings" von Andy Earl

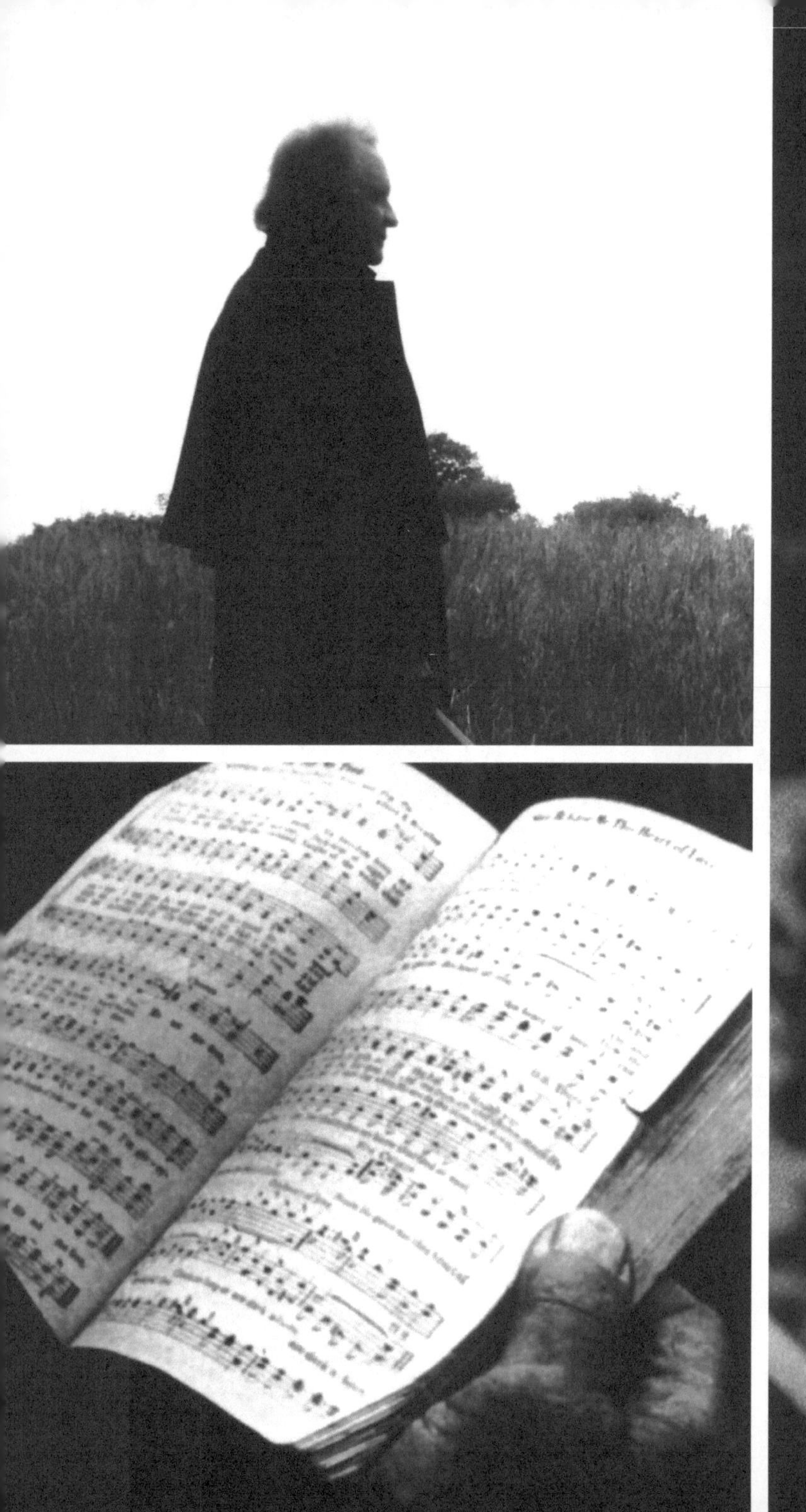

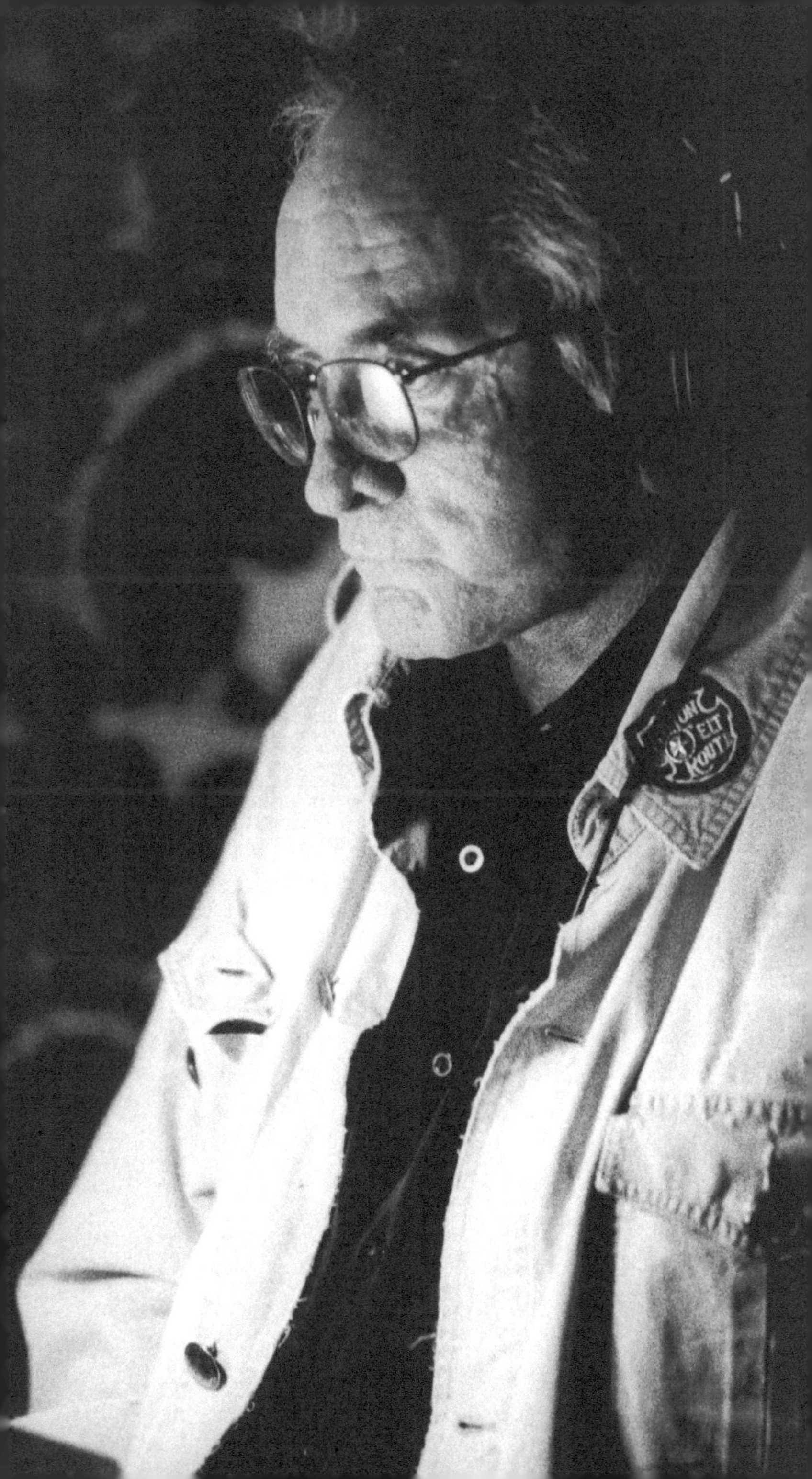

Rechts:
Comics von Reinhard Kleist (aus seiner preisgekrönten Graphic Novel „Johnny Cash – I see a darkness")

Unten:
Straßenwandbild in Nashville, 2014

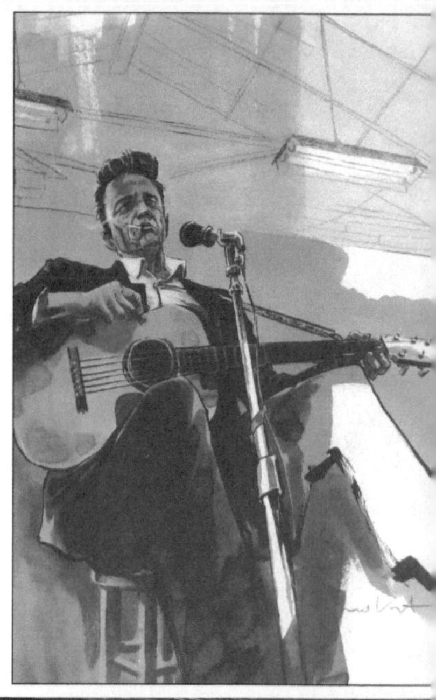

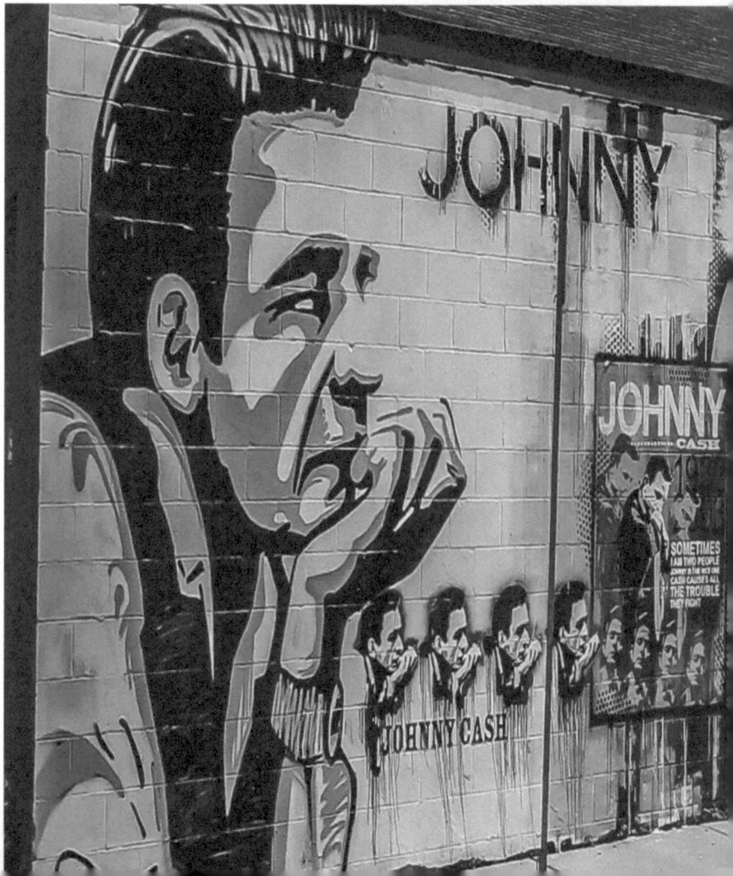

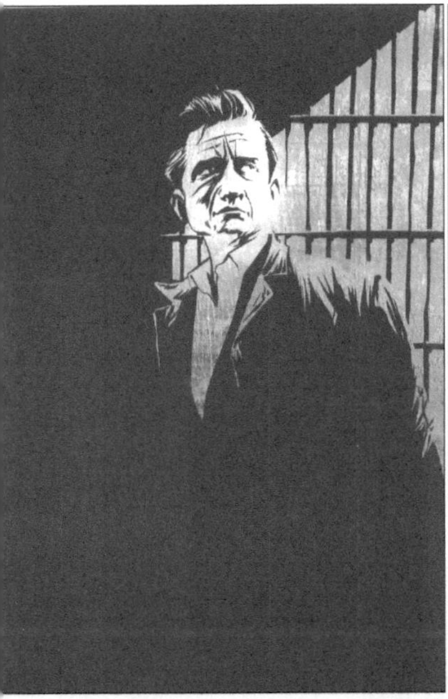

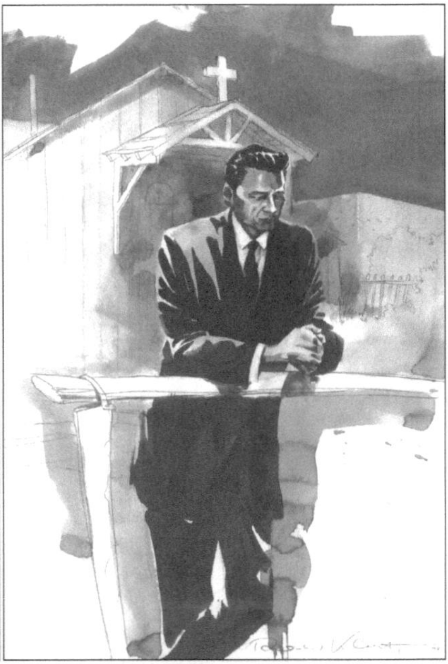

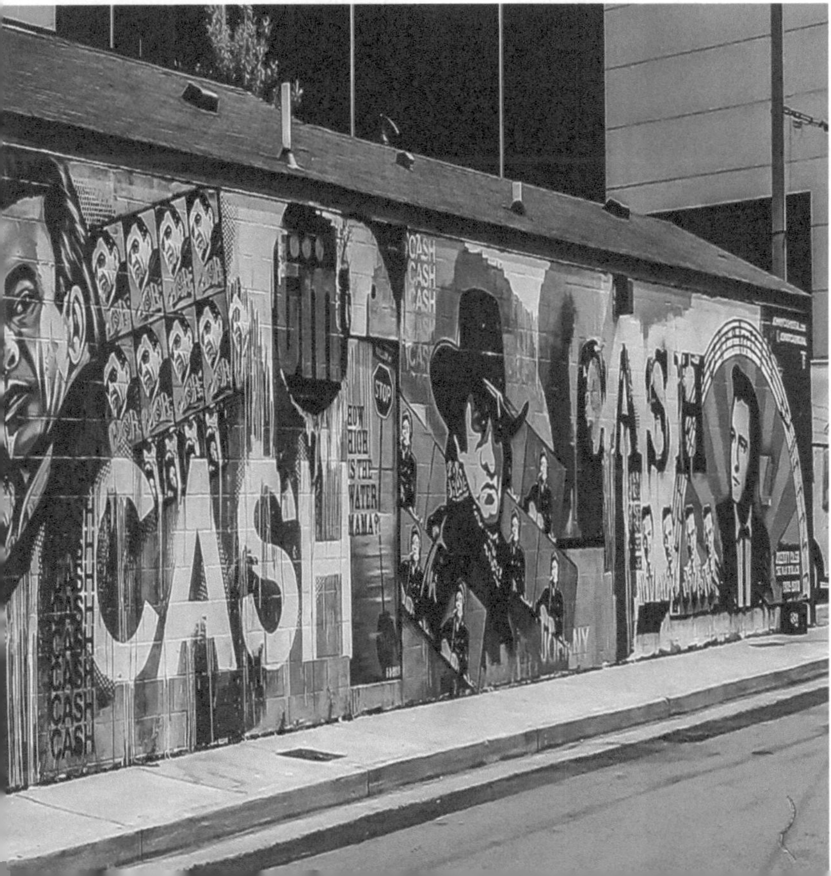

CASH
CASH
CASH
STOP
HOW
HIGH
IS THE
WATER
MAMA?
CASH
CASH
CASH
CASH
CASH
CASH
JOHNNY

Anhang

LEBENSDATEN

1932	26. Februar: J. R. Cash wird in Kingsland, Arkansas, geboren. Eltern: Raymond (1897–1985) und Carrie (1904–1991); Geschwister: Roy (1921–1993), Margaret Louise (1923-2003), Jack (1929–1944)
1934	Geburt seiner Schwester Reba (+2006)
1935	Familie Cash zieht nach Dyess, Arkansas
1937	Überschwemmung in Dyess
1938	Geburt der Schwester Joanne
1940	Geburt des Bruders Tommy
1944	Bruder Jack stirbt nach Unfall
1950	Abschluss an der Dyess High School
1951	Eintritt in die U.S. Air Force. Verliebt sich in San Antonio in Vivian Liberto September: Stationierung in Landsberg am Lech Kauf seiner ersten Gitarre. Band „Landsberg Barbarians"
1954	Rückkehr in die USA; Heirat mit Vivian Liberto (1934–2005) Vorspiel im SUN-Records-Studio in Memphis
1955	Erste Single. Konzert mit Elvis Presley Tochter Rosanne wird geboren
1956	Erster Hit. Auftritt und erste Begegnung mit June Carter in der Grand Ole Opry Geburt der Tochter Kathy
1957	Tourneen. Erste LP erscheint. Erste Begegnung mit Amphetaminen
1958	Umzug nach Kalifornien
1959	Tochter Cindy wird geboren. Konzert im Gefängnis San Quentin, Kalifornien
1961	Tochter Tara Cash wird geboren. Festnahme wegen Trunkenheit am Steuer
1962	Regelmäßige Auftritte mit June Carter. Konzert vor Soldaten in Korea

1963 Konzert im Gefängnis San Quentin, Kalifornien
1964 Auftritt beim Newport Festival, dort trifft er Bob Dylan
1965 Festnahme und Gerichtsverhandlung in El Paso wegen Drogenbesitzes
1966 Erster Entzug in Klinik
1967 Kauf eines Hauses in Hendersonville bei Nashville, das bis zum Ende seines Lebens sein Wohnsitz bleibt. Selbstmordversuch in der Nickajack-Höhle
1968 Scheidung von Vivian. Hochzeit mit June Carter Konzert im Folsom Prison
1968 Konzert in San Quentin. Fernost-Tournee Lernt Billy und Ruth Graham kennen
1969 Erste Johnny Cash-Show aus Nashville
1970 John Carter Cash wird geboren. Erster Auftritt bei Billy-Graham-Evangelisation
1971 Öffentliches Bekenntnis zu seinem christlichen Glauben. Filmdreh „The Gospel Road" in Israel
1974 Gastrolle in „Columbo"
1975 Erste Autobiografie „Man in Black" erscheint
1977 Bibelseminar-Abschluss mit einem Diplom
1981 Kampf mit Strauß
1983 Mehrere Krankenhausaufenthalte
1984 Entziehungskur im Betty Ford Center
1985 Roman „Man in White" erscheint
1993 Erste Begegnung mit Rick Rubin. Aufnahmen. Konzert im „Viper Room", Hollywood
1994 „American Recordings" erscheint
1997 Zweite Autobiografie erscheint
2002 Video „Hurt"
2003 15. Mai: June Carter Cash stirbt
21. Juni: Auftritt im „Carter Fold"
20. August: Besuch Gunter Gabriels
21. August: Letzte Songaufnahme
12. September: Johnny Cash stirbt im Baptist Hospital in Nashville
15. September: Trauerfeier in der First Baptist Church in Hendersonville

VERÖFFENTLICHUNGEN VON JOHNNY CASH

Alben *(Auswahl nach Bezug zum Buch und Thema Glaube)*
Johnny Cash With his Hot and Blue Guitar (1957) / The Fabulous Johnny Cash (1959) / Hymns (1959) / Hymns From the Heart (1962) / Ring of Fire (1963) / The Christmas Spirit (1963) / I Walk the Line (1964) / Bitter Tears: Ballads of the American Indian (1964) / At Folsom Prison (1968) / The Holy Land (1969) / At San Quentin (1969) / Man in Black (1971) / The Gospel Road (1973) / Precious Memories (1975) / Believe in Him (1986) / American Recordings (1994) / Unchained (1996) / American III: Solitary Man (2000) / American IV: The Man Comes Around (2002) / Unearthed (1993) / My Mothers Hymn Book (2004) / American V: A Hundred Highways (2006) / American VI: Ain't no Grave (2006) / Out Among the Stars (2014)

Hörbücher
The Eye of the Prophet. Kahlil Gibran read by Johnny Cash. MC 1996 / CD 2020
Johnny Cash reads the New Testament (New King James Version), CD, Nashville 2011

Bücher
Cash, Johnny: Der Mann in Schwarz. Eine schonungslose Selbstbiografie, Wetzlar 1975
Cash, Johnny: mit Allen Carr: CASH. Die Autobiografie von Johnny Cash, Hamburg 2021
Cash, Johnny: Man in White. A Novel About the Apostle Paul, Nashville 1986

LITERATUR ZU JOHNNY CASH

Cash, John Carter: Mein Vater Johnny Cash, München 2011
Cash, Vivian, with Ann Sharpsteen: I Walked the Line. My Life with Johnny, New York 2007
Dobler, Franz: The Beast in Me. Johnny Cash … und die seltsame und schöne Welt der Countrymusik, München 2021

Hanowell, Holger: Johnny Cash. 100 Seiten, Ditzingen 2022
Hilburn, Robert: Johnny Cash. Die Biografie, München/Berlin 2016
Huss, John/David Werther: Die Philosophie bei Johnny Cash, Weinheim 2009
Kleist, Reinhard: Johnny Cash. I see a darkness, Graphic Novel, Hamburg 2006
Marshall, Jim: Johnny Cash at Folsom & San Quentin, London 2018
Raim, Edith/Sonia Fischer (Hg): Don't take your guns to town. Johnny Cash und die Amerikaner in Landsberg 1951–1954, München [2]2019
Streissguth, Michael (Hg.): Ring of Fire. The Johnny Cash Reader, Cambridge 2002
Streissguth, Michael: Johnny Cash at Folsom Prosion. Die Geschichte eines Meisterwerks, Berlin 2006
Thomsen, Graeme: Die Auferstehung des Johnny Cash. Seine späten Jahre und American Recordings, Berlin 2012
Turner, Steve: Ein Mann namens Cash. Die autorisierte Biografie, Lahr 2005

Weitere

Bono: Surrender – 40 Songs, eine Geschichte, München 2022
Brown, Jack: Rick Rubin. Genie im Studio, Ditzingen 2022
Dylan, Bob: Die Philosophie des modernen Songs, München 2022

FILME

The Gospel Road. Film von Johnny Cash und Larry Murray mit Johnny Cash, June Carter Cash, Robert Elfstrom u. a., Century Fox 1973
Columbo, Folge „Swan Song" (1973/D: Schwanengesang", 1974), enthalten auf: COLUMBO. Die komplette dritte Staffel, Universal-Pictures DVD 2021
Walk the Line. Filmbiografie von James Mangold mit Joaquin Phoenix, Reese Witherspoon u. a., USA/D 2005

EHRUNGEN

- 13 Grammy-Awards (1968–2004)
- 9 CMA-Awards (1968–2003)
- Aufnahme in die Nashville Songwriters Hall of Fame (1977), Country Music Hall of Fame (1980), Rock and Roll Hall of Fame (1992), Gospel Music Hall of Fame (2011)

LINKS

Offizielle Website: johnnycash.com
Johnny Cash-Museum: www.johnnycashmuseum.com
Deutsche Johnny-Cash-Website von Universal Music: www.universal-music.de/johnny-cash

Facebook-Fanseiten:
Johnny Cash Fans worldwide / Cashaholic's – Johnny Cash Fan Group / JohnnyCashFirstGuitar (deutsch) / Johnny Cash-Museum Riedlingsdorf (Österreich)

BILDNACHWEIS

S. 12: Thomas R. Machnitzki/wikimedia CC BY 3.0
S. 29: Universal Music; S. 30: Archiv
S. 48: wikimedia; S. 53: Don Hunstein/Sony BMG
S. 65: wikimedia CCBY-SA3.0; S. 74: Joel Baldwin/wikimedia
S. 85: Dillan Stradlin/wikimedia CC-BY-SA4.0
S. 86: Heinrich Klaffs/wikimedia
S. 92 oben: © ABC Television/wikimedia; unten: Billy Graham Evangelistic Association
S. 108: wikimedia
S. 127, 145, 149, 150, 151: Universal Music 2010
S. 122: Sony BMG
S. 152/153 oben: Mit freundlicher Genehmigung von Reinhard Kleist und dem Carlsen Verlag; unten: © Legacy1995/dreamstime

Von Uwe Birnstein sind in derselben Reihe erschienen:

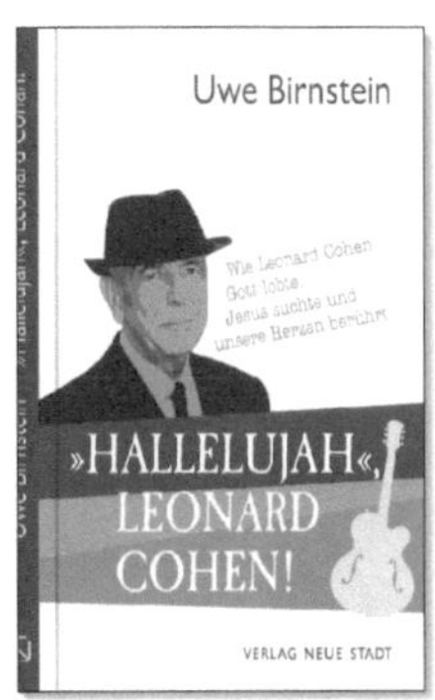

LEONARD COHEN,
wie ihn kaum einer kennt. Mit teils erstmals veröffentlichten SW-Fotos.

132 Seiten, gebunden, mit 12 SW-Fotos,
farbiger Vorsatz, 13 x 21 cm
ISBN 978-3-7346-1233-6

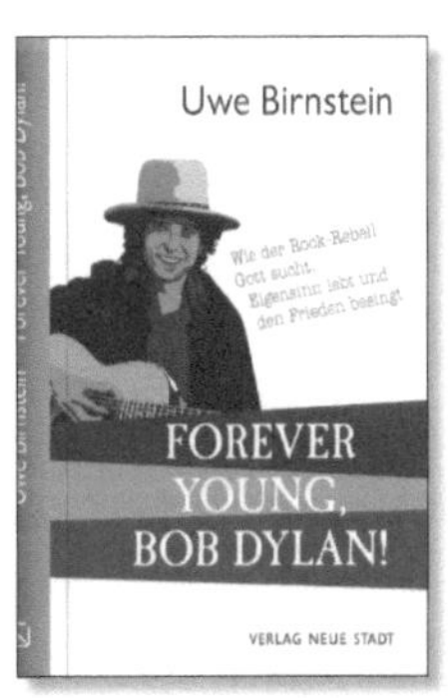

BOB DYLAN:
Protestsänger, Troubadour, Rock-Poet mit Literaturnobelpreis, einer, der Irdisches und Himmlisches verschmelzen lässt ...

192 Seiten, gebunden, mit 17 SW-Fotos,
farbiger Vorsatz, 13 x 21 cm
ISBN 978-3-7346-1268-8

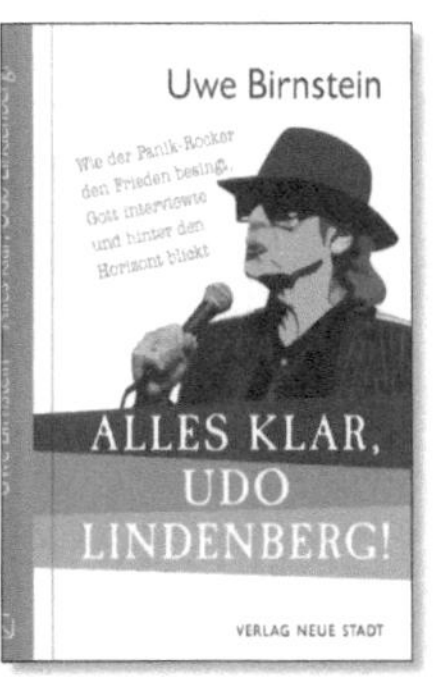

UDO LINDENBERG
... von einer überraschenden Seite: spirituelle Spuren beim Panik-Rocker.

136 Seiten, gebunden, teils ganzseitige
SW-Fotos, farbiger Vorsatz
ISBN 978-3-7346-1293-0

Mehr unter www.neuestadt.com

www.neuestadt.com
www.birnstein.de